# MARINA LIMA
Fullgás

Renato Gonçalves

# MARINA LIMA

Fullgás

Cobogó

Ao Brasil que um dia sonhamos.
Ao Brasil que ainda faremos.

O sonho é a realização (disfarçada)
de um desejo (suprimido, reprimido).
— Sigmund Freud, *A interpretação dos sonhos*

Eu que sempre apostei na minha paixão/
Guardei um país no meu coração.
— Costa Netto e Eduardo Gudin, "Verde"

# SUMÁRIO

Sobre a coleção **O LIVRO DO DISCO**    11

**Parte 1.** SENTIDOS DO DISCO    15

1. Em busca da "década perdida"    17
2. *Manifesto Fullgás*: os irmãos pensam e sonham um país    23
3. O processo de (re)construção de um país    41
4. "Um homem pra chamar de seu": gênero e sexualidade    53
5. O pop como procedimento dos novos tempos    69
6. O gás e o fugaz: os sentidos de "Fullgás"    79
7. E a gente fez um país?    91

**Parte 2.** FAIXA A FAIXA    103

1. "Fullgás"    105
2. "Pé na tábua (Ordinary pain)"    107
3. "Pra sempre e mais um dia"    109
4. "Ensaios de amor"    111
5. "Mesmo que seja eu"    113

6. "Me chama" 115

7. "Mesmo se o vento levou" 117

8. "Cicero e Marina" 119

9. "Veneno (Veleno)" 121

10. "Mais uma vez" 123

11. "Nosso estilo" 125

**Apêndice:** *Manifesto Fullgás* 127

**Referências bibliográficas** 129

**Agradecimentos** 135

# Sobre a coleção O LIVRO DO DISCO

A coleção O Livro do Disco foi lançada em 2014, pela Cobogó, para apresentar aos leitores reflexões musicais distintas sobre álbuns que foram, e são, essenciais na nossa formação cultural e, claro, afetiva. Inspirada inicialmente pela série norte-americana 33 1/3, da qual publicamos traduções fundamentais, O Livro do Disco hoje tem uma cara própria, oferecendo ao público livros originais sobre música brasileira que revelam a pluralidade e a riqueza da nossa produção.

A cada título lançado, o leitor é convidado a mergulhar na história de discos que quebraram barreiras, abriram caminhos e definiram paradigmas. A seleção de álbuns e artistas muitas vezes foge do cânone esperado. Isso se dá, sobretudo, devido à formação diversa dos autores: críticos, músicos, pesquisadores, produtores e jornalistas que abordam suas obras favoritas de maneira livre, cada um a seu modo — e com isso produzem um rico e vasto mosaico que nos mostra a genialidade e a inventividade encontradas na sonoridade e nas ideias de artistas do Brasil e do mundo.

O Livro do Disco é para os fãs de música, mas é também para quem deseja um contato mais aprofundado, porém acessível, com o contexto e os personagens centrais de trabalhos que marcaram a história da música. Em tempos de audição fragmentada e acesso à música via plataformas de *streaming*, (re)encontrar esses discos em sua totalidade é uma forma de escutar o muito que eles têm a dizer sobre o nosso tempo. Escolha seu Livro do Disco e se deixe embalar, faixa a faixa, por sons e histórias que moldaram — e seguem moldando — nossas vidas.

PARTE 1

**SENTIDOS DO DISCO**

# 1. Em busca da "década perdida"

Lançado em 1984, após vinte anos de uma ditadura militar que chegaria ao fim no ano seguinte, *Fullgás*, de Marina Lima, é o retrato desse momento importante da história brasileira recente. O quinto disco da artista carioca alinha e condensa os esfuziantes anos 1980, que, no Brasil, foram marcados por transformações de toda sorte. Da retomada do protagonismo da participação popular na vida política com a possibilidade de eleições diretas, sinalizada pelo movimento Diretas Já, às mudanças comportamentais encabeçadas por mulheres e gays, lésbicas e simpatizantes (para usar os termos empregados na época)[1] outrora silenciados pelo regime ditatorial, passando ainda pelos primeiros ecos da globalização impulsionada por uma revolução tecnológica sem precedentes, o país estava em ebulição, combustão e efervescência — alguns

---

[1] Optamos por não utilizar as expressões LGBT ou LGBTQIA+, atualmente em uso, por reconhecer a historicidade dos termos empregados (gays, lésbicas e simpatizantes), associados a uma época em que outras identidades de gênero e sexualidade não tinham a mesma visibilidade de hoje. Sobre o uso dos termos e a carga histórica que carregam na história do movimento LGBT, sugerimos a leitura de João Silvério Trevisan, *Devassos no paraíso: A homossexualidade no Brasil, da Colônia à atualidade*; Regina Facchini, *Sopa de letrinhas? Movimento homossexual e produção de identidades coletivas nos anos 90*; e Renato Gonçalves, *Nós duas: As representações LGBT na canção brasileira*.

dos sentidos carregados pelo termo que nomeia o disco e a canção de abertura: *full gas*, um tanque de combustível completamente abastecido, pronto para uma longa jornada.

Concebido, composto e gravado entre o fim de 1983 e o início de 1984 e lançado pela PolyGram, gravadora de grandes proporções que faria ainda outros quatro discos com Marina, *Fullgás* logra a expressiva marca de disco de platina (250 mil cópias vendidas), abrindo frente para os seus sucessores, *Todas* (1985), *Todas ao vivo* (1986) e *Virgem* (1987), igualmente exitosos em termos comerciais.

Cinco faixas no lado A e seis no lado B compõem o disco, com uma amálgama de compositores oriundos do rock nacional, da música popular brasileira e do cancioneiro norte-americano e italiano. "Fullgás" (Marina Lima/Antonio Cicero) abre a primeira parte do álbum e é seguida por "Pé na tábua" (Stevie Wonder — versão: Antonio Cicero/Sergio de Souza), "Pra sempre e mais um dia" (Marina Lima/Antonio Cicero), "Ensaios de amor" (Marina Lima/Ana Terra) e "Mesmo que seja eu" (Roberto Carlos/Erasmo Carlos). Na segunda parte, completam o disco "Me chama" (Lobão), "Mesmo se o vento levou" (Marina Lima/Antonio Cicero), o poema "Cicero e Marina" (Antonio Cicero), "Veneno" (Polacci — versão: Nelson Motta), "Mais uma vez" (Lulu Santos/Nelson Motta) e "Nosso estilo" (Lobão/Marina Lima/Antonio Cicero). O ecletismo do repertório é alinhavado pela direção musical da cantora, pela produção musical de João Augusto e pelos arranjos concebidos por Marina, pelo baixista Pedrão (Pedro Baldanza) e pelos tecladistas Ricardo Cristaldi e Nico Rezende, músicos que já haviam participado tanto de trabalhos relacionados ao rock nacional quanto à MPB.

Neste livro, acreditamos que uma análise do disco *Fullgás* nos permite acessar os contextos produtivos que o atravessam e o espírito de seu tempo que nele se materializa. Além de colocar em cena um discurso feminino homoerótico e desenvolver a linguagem dos "novos tempos", *Fullgás* exibe seu desejo de realização de um novo país.

Uma de suas primeiras camadas de sentido, o tom político — marcado não apenas nos versos que eternizaram a canção "Fullgás" ("você me abre seus braços/ e a gente faz um país") —, desenvolve-se em um manifesto assinado por Marina e seu irmão Antonio Cicero, que além de poeta e filósofo inicia com ela uma longeva carreira como letrista. À luz da percepção de se sentir estrangeira em solo brasileiro, sensação em grande parte induzida por sua vivência no exterior, a dupla desejou um país que, como sua música, não tivesse "paredes, nem teto, nem cerca, nem fronteira", que corresse atrás do atraso em que se encontrava em relação ao mundo e tomasse "partido pelo presente e nele pelo mais full gas e mais fugaz".[2] Fundindo as esferas subjetivas e políticas, o posicionamento do manifesto se reflete nas canções, nas performances e nas imagens relacionadas a Marina.

Paralelamente às reivindicações políticas por reconhecimento de mulheres e gays que se colocavam em cena de forma inédita, as questões de gênero e sexualidade surgem em *Fullgás* como uma segunda camada, afetiva, subjetiva, e estão presentes tanto na performance de Marina, que subverte o discurso heteronormativo ao regravar uma canção de Roberto Carlos e Erasmo Carlos ("Mesmo que seja eu"), quanto no eu lírico feminino que versa sobre o erotismo em canções como

---

[2] *Manifesto Fullgás*. In: Lima, Marina. *Fullgás*.

"Pra sempre e mais um dia" e "Veneno", que trazem versos como "ninguém no mundo faz o que ele me faz/ tanto romance, tanta graça e pornô" e "nesses seios tem todo veneno". A censura do regime ditatorial cerceava não apenas mensagens políticas, mas também expressões subjetivas divergentes à "moral" e aos "bons costumes", e se fez portanto presente, como no silenciamento da palavra "tesão" em "Mais uma vez".

Em uma terceira camada ainda de sentido, a dos "novos tempos" anunciados pelo discurso da globalização e do consumo, dimensões que vão se intensificando na cultura, *Fullgás* desenvolve a linguagem pop a partir da mistura de referências, do desenraizamento da música brasileira e da assimilação da sonoridade eletrônica com o uso de programações e timbres digitais. À margem e ao mesmo tempo em diálogo com o rock que (re)nascia naqueles anos, a rapidez, a intensidade e a fugacidade das transformações que o Brasil e o mundo vivenciavam se traduzem em faixas estruturadas em versos sintéticos que dialogam com a linguagem publicitária de seu tempo e apresentam uma poética própria a Marina, além de serem insígnias do título do disco.

Trata-se, sobretudo, de um álbum autoral em que, quando não está explícita nas composições de Marina em parceria com Cicero, a autoria se imprime na interpretação pessoal, nos arranjos e na direção musical da cantora, que além de dirigir o disco é instrumentista em todas as faixas, posições até então pouco usuais às mulheres na indústria fonográfica e que firmaram uma artista que toma as rédeas de sua obra, conduzindo-a e negociando-a.

Na atual conjuntura de instabilidade política pós-2013, em que vemos o afrouxamento das instituições e dos dispositivos democráticos, revisitar *Fullgás* e posicioná-lo diante dos fluxos históricos e das forças culturais de seu contexto de criação pode nos auxiliar a reelaborar parte da história recente da construção da democracia.

Dada desde o início como "perdida", a década de 1980 parece não conter em si nada que deva ser resgatado, tendo sido varrida para debaixo do tapete da história pela força da expressão. Não embarquemos na direção que tal rótulo aponta sem antes localizar a origem do termo: o campo econômico. Na entrada da década de 1990, enquanto se discutiam os caminhos tomados pelo Brasil na periferia de uma nova ordem econômica mundial neoliberal, a expressão "década perdida" foi usada pela primeira vez para designar o insucesso de sucessivos pacotes econômicos.

Por mais contraproducente que seja, na formação de um saber histórico, chamar um período de "perdido", podemos levantar hipóteses para compreender a aderência do termo para além da esfera econômica. Em comparação com os anos 1970, quando o auge da ditadura militar aparelhou o Estado com dispositivos de censura, repressão e perseguição política, a década de 1980 parece ter sido banal no que diz respeito à sua produção artística: de um lado estariam as expressões artísticas engajadas, que desenvolviam estratégias para burlar a repressão e passar mensagens políticas subversivas; de outro, o romantismo do início do processo de transição democrática estampado em produtos artísticos cada vez mais ligados ao mercado. Levam-se ao pódio da história da cultura brasileira as obras engajadas da década de 1970 e ignoram-se os trabalhos ditos comerciais dos anos 1980, como se as primeiras não fossem igualmente comercializadas e, no caso dos segundos, o consumo enquanto fenômeno cultural não fosse digno de reflexão. Para justificar essa exclusão, ainda é apontado o suposto rebaixamento estético da produção dos anos 1980, incorrendo no equívoco de medi-los com a mesma régua, não compreendendo as especificidades de dois objetos totalmente distintos.

Mas como considerar perdido o período em que saímos de uma ditadura militar que durou 21 anos, lutamos pelo amadurecimento de uma democracia e passamos a enfrentar as principais questões do fim do século XX, como os discursos do que viria a ser um país, a descoberta do hiv/aids[3] e a centralidade da publicidade e do consumo?

O resgate de *Fullgás* nasce como uma tentativa de resposta ao equívoco que o slogan "década perdida" produz. Analisamos e interpretamos o disco esboçando uma compreensão do período pela via da cultura, acreditando ser possível encontrar nesse momento um caldeirão de transformações socioculturais ainda pouco reviradas e interpretadas. Se algo de fato se perdeu, foi a compreensão dos sentidos produzidos durante dez anos de movimentações intensas no Brasil. Com as recentes crises institucionais e democráticas, temos a impressão de que hoje pagamos o preço por ainda não termos compreendido os vários contextos nos quais, depois de um longo período de ditadura militar, foi estabelecida a nossa jovem democracia, com novos conceitos de país, sujeito e direitos.

---

[3] Neste livro, optamos por grafar o nome do vírus e da síndrome em letras minúsculas seguindo a proposta sugerida por Herbert Daniel na década de 1990, que foi retomada por Ramon Nunes Mello "na intenção de diminuir o protagonismo da doença em si frente à vida do indivíduo". Cf. Mello, Ramon Nunes (org.), *Tente entender o que tento dizer: Poesia + hiv/aids*, p. 15.

## 2. *Manifesto Fullgás*: os irmãos pensam e sonham um país

Tomamos partido pelo presente e nele pelo mais full gas e mais fugaz. Se nossa música é política? Nossa música é a nossa política. Queremos descobrir novas possibilidades: não de fazer "arte", mas de viver.

— MANIFESTO FULLGÁS

Uma das primeiras experiências possíveis com *Fullgás* é ler o manifesto homônimo escrito e assinado por Marina Lima em parceria com Antonio Cicero. Ao abrir a capa de papelão do LP, o ouvinte ou a ouvinte encontrariam, além do vinil e de um encarte, uma folha avulsa. Diferentemente do material gráfico clássico também presente nesse disco, que continha letras, ficha técnica e uma foto da cantora que se transformava em pôster, um texto assinado pela dupla vinha separado, como se essa escolha editorial buscasse lhe dar uma certa importância e relevância. Era o *Manifesto Fullgás*, assinado com a letra cursiva de cada um.[4]

E, de fato, o desejo de escrever e veicular um manifesto era digno de nota. Desde a primeira frase, o manifesto é insti-

---

[4] O *Manifesto Fullgás* integra este livro como apêndice, na p. 127.

gante: "Somos brasileiros e estrangeiros." De início se destaca que a "força" do Brasil viria "da fusão de todas as águas, de todas as correntes culturais, da miscigenação", para se opor àqueles que defendiam as "raízes" na música brasileira. Na sequência, misturando arte e comportamento, valorizam-se "a descoberta e a liberação dos desejos e gostos autênticos de cada um". A identificação com uma forma de fazer música "simples, deliberadamente simples e direta" encerra o manifesto.

Na penúltima década do século XX, os manifestos haviam perdido o protagonismo que tiveram outrora, no início do mesmo século, com as vanguardas artísticas (como o *Manifesto Futurista* e o *Manifesto Antropófago*, redigidos pelo futurismo italiano e pelos modernistas brasileiros, respectivamente) e as mobilizações políticas, que utilizaram o formato para a exposição de novas ideias e a busca pela adesão coletiva.[5] No fim do século, o formato foi resgatado — com sua linguagem assertiva de frases curtas, antíteses e hipérboles — sobretudo por empresas, que passaram a adotá-lo como uma espécie de carta de intenções de suas marcas, evidenciando nele sua missão, sua visão, seus valores e seus diferenciais competitivos.

Ainda que o manifesto pudesse passar batido pelo olhar desatento ou desinteressado de algum ouvinte que quisesse apenas ouvir o disco, ao veiculá-lo com o disco, Marina não apenas tornava pública uma declaração de missão relacionada ao trabalho que apresentava em *Fullgás*, evidenciando suas particularidades, mas também compartilhava uma visão de mundo que atravessava vida e obra.

---

[5] Hobsbawm, Eric. "Manifestos". In: *Tempos fraturados: Cultura e sociedade no século XX*, p. 42.

A iniciativa do manifesto foi uma resposta aos pedidos de posicionamento à luz do momento conturbado de transformações políticas em que se vivia. "Ano passado [1983] fiz muito show, viajei muito, e sempre, sempre vinham esses pedidos para a gente falar alguma coisa, um toque. Acho que as pessoas estão meio perdidas, estão sentindo falta de alguém que diga as coisas mesmo, que tome uma posição. Então resolvemos encarar essa através desse texto", disse a cantora em uma entrevista ao jornal O Globo.[6]

Embora traga declarações no plural ("assim somos nós", "assim é o que fazemos"), o manifesto não necessariamente buscou representar uma nova geração afinada entre si, como a do rock nacional que àquela altura se encaminhava para o ápice enquanto cena musical. Marina comenta essa ideia de ação coletiva na mesma entrevista: "No Brasil, os artistas se organizam em guetos e não admitem que haja trocas de influências entre os guetos. Eu jamais me filiei a nenhum deles."[7] Mesmo diante do clima de pluralidade e união observado nas manifestações políticas pela retomada da democracia, Marina partia de uma visão individual, pessoal e subjetiva, o que trará questões importantes em um momento ligeiramente posterior, quando as diferenças, após a comunhão coletiva, viriam à tona.

Se não indicava filiação a um movimento, o "nós" ao menos tornava pública a comunhão de ideias, visões e opiniões da cantora com Antonio Cicero, que passava a ganhar os holofotes ao lado dela. Com o manifesto, os irmãos pensavam um

---

[6] Bahiana, Ana Maria. "'Fullgás', Marina em nova fase num disco cheio de bons amigos", O Globo.
[7] "A nova romântica. Com doces baladas e guitarras em punho, Marina impõe o padrão da nova cantora brasileira", Veja, p. 122.

país, expondo desejos, anseios e perspectivas em relação ao passado, ao presente e ao futuro da cultura brasileira, abarcando política, arte e comportamento.

---

A relação entre Marina e Cicero ia além dos laços sanguíneos, e essa parceria atravessa de forma irredutível *Fullgás*, como se constata não apenas pela assinatura do manifesto e de canções em parceria ("Fullgás", "Pra sempre e mais um dia", "Mesmo se o vento levou", "Nosso estilo" e a versão de "Pé na tábua", feita por Cicero e Sergio de Souza) ou pela declamação feita pelos irmãos do poema "Cicero e Marina" (de autoria de Cicero) em uma das faixas do disco, mas também na poética desenvolvida pela dupla.

É inevitável fazer uma breve revisão da trajetória dos irmãos para entender o lugar de observação a partir do qual se pensa um país, isto é, de que maneira a dupla chegou, depois de percorrer caminhos no campo da indústria fonográfica e da música popular comercial, à posição a partir da qual passou a refletir o Brasil.

Nascidos na cidade do Rio de Janeiro, Marina e Cicero conviveram pouco nas duas primeiras décadas, devido à diferença de idade entre o mais velho e a caçula: ele nasceu em 1945 e ela, em 1955. Um irmão do meio, Roberto, os separa também.

A família vivia no Rio de Janeiro, quando a cidade ainda era a capital do Brasil, até se mudar para Washington D.C., quando Marina tinha 5 e Cicero, 15 anos, acompanhando o pai, Ewaldo Martins Correia Lima, que era economista do Banco Interamericano de Desenvolvimento (BID), e a mãe, Amélia Maria Burlamaqui Cunha, que, assim como o marido, era nordestina. No clima invernal da capital dos Estados Unidos, Cicero concluía seus estudos no secundário e Marina encontrou no violão uma forma de se religar às terras brasileiras. "O fato de muito nova ter ido para o exterior me deu um sentimento de não pertencimento a lugar nenhum. Isso era uma solidão horrível. Então eu tinha que me inventar, tinha que me bastar", contou ela em uma entrevista. "O violão me trouxe isso durante anos. Essa sensação de acolhimento, de 'meu mundo é aqui, vou criar com a minha música'."[8]

Nesse período em solo estrangeiro, os irmãos entraram em contato com a música negra norte-americana dos artistas da Motown, que tocava nas estações de rádio, o rock dos Beatles e a música brasileira, representada sobretudo pelo samba e pela bossa nova, por intermédio de Elizeth Cardoso, Antônio Carlos Jobim e João Gilberto, que lhes chegavam pelos LPs dos pais. Da mistura dessas referências, resultam traços muitas vezes presentes na obra dos compositores: enquanto a música anglófila-estadunidense já apontava para a linguagem pop com a qual eles iriam dialogar, a riqueza rítmica e harmônica dos gêneros brasileiros estabeleceriam um referencial que se tornaria um dos principais aspectos do refinamento musical das canções da dupla.

A família viveu em Washington D.C. entre 1960 e 1967, quando retornou ao Rio de Janeiro. Estranhos recomeços: o país que haviam deixado durante os anos dourados de desenvolvimentismo de Juscelino Kubitschek estava envolto por densas nuvens. Em 1967, a ditadura militar instaurada três anos antes modificava profundamente a vida política e cultural brasi-

---

[8] Depoimento ao autor, transcrito em Gonçalves, Renato. "Marina Lima: de sereia a Ulisses. Música, comunicação e significação".

leira, aparelhando o Estado por meio de órgãos de repressão e censura, cerceando liberdades individuais e manifestações contrárias ao governo.

Enquanto Marina seguia nos estudos primários, Antonio Cicero adentrava o ensino superior. Após cursar um ano de Filosofia na PUC-Rio, ele frequentou a graduação oferecida pelo Instituto de Filosofia e Ciências Sociais da UFRJ, em 1968, quando se associou ao movimento estudantil que, diante do recrudescimento da ditadura, articulava uma frente de resistência e oposição ao governo militar. Naquele ano, Cicero foi levado aos porões da Seção de Ordem Política e Social (Sops) para interrogatórios, prática comum do regime com seus opositores.

Por sugestão e preocupação dos pais, Antonio Cicero se muda em 1969 para Londres, onde dará continuidade aos estudos de Filosofia na University College London. Em terras inglesas, Cicero se tornou amigo dos compositores Caetano Veloso, Gilberto Gil, Jorge Mautner, Péricles Cavalcanti e do poeta Haroldo de Campos, que também encontraram asilo político na cidade que era o epicentro da contracultura europeia. A convivência com artistas, fato até então inédito em sua trajetória, ampliava a visão de mundo de Cicero para além dos debates promovidos pelos filósofos que lia ou pelos intelectuais que conhecia nos espaços acadêmicos, como ele rememora: "Foi através de longas conversas com Caetano [...] que compreendi bem, por exemplo, que a qualidade estética de uma obra de arte não tem nada a ver com o fato de sua origem ser erudita, popular ou pop."[9]

Separada do irmão, Marina afirmava cada vez mais seu interesse pela música, voltando-se para a emergente cena mu-

---

[9] Preto, Marcus. "A lira de Antonio Cicero". In: Nogueira, Arthur (org.). *Antonio Cicero*, pp. 186-7.

sical brasileira, sobretudo para a que se formou em torno do Tropicalismo: "Músicas do Caetano [Veloso], do [Gilberto] Gil, do Duda Machado, a Gal [Costa] muito nova, com aquela voz linda, tudo era muito interessante",[10] compartilha a cantora que, posteriormente, trabalharia com todos os citados, compondo em parceria com eles ou tendo suas composições gravadas.

Quando, em 1974, Antonio Cicero retornou a Washington D.C. para realizar um mestrado na Georgetown University, Marina o encontrou lá para começar uma graduação em Música, que não chegaria a concluir. Se antes a diferença de idade distanciava os dois irmãos, a convivência diária, dividindo um apartamento, os aproximou. Marina, que passava bastante tempo em casa estudando violão, descobriu os poemas que o irmão escrevia em segredo desde jovem. Interessada por um soneto, resolveu musicá-lo. Com "Alma caiada", nascia uma parceria artística que perduraria até os dias atuais[11] e cuja maior produção se deu na década de 1980.

A atuação intensa dos órgãos de censura do Estado adiava a estreia de Marina e Cicero. Em 1976, "Alma caiada" chegou a ser gravada por Maria Bethânia para o LP *Pássaro proibido*, mas foi vetada e somente seria liberada para a gravação de Zizi Possi, em 1979. Nessa primeira composição, que poderia ser apenas uma canção de amor, identificou-se "conotação política" nos versos "mas às vezes pressinto/ que não me enquadro na lei". Conforme consta nos autos do Serviço de Censura de Diversões Públicas do Departamento de Polícia Federal RJ/SP, uma das avaliadoras afirma que "o autor armazenou traumas

---

[10] Lacombe, Milly. "Alma inteira", *Revista MIT*.
[11] As composições mais recentes da dupla estão presentes nos discos *Lá nos primórdios* (2006) e *Novas famílias* (2018), de Marina.

desde a infância, tornando-se revoltado contra tudo e contra todos e revelando caráter pernicioso".

A segunda composição, "Em mar de amor", veio de outro poema de Cicero musicado por Marina: "Não era soneto, mas tinha frases lindas, e comecei a tentar musicar. Cicero viu e perguntou: 'Marina, qual o tamanho que isso tem de ter?', e fez frases no tamanho da minha métrica musical",[12] relata a irmã. O fazer poético que ele antes realizava apenas por lazer, de forma descompromissada, passou a tomar outras direções, por ser "maravilhosa essa técnica em que a música força o poeta a se enquadrar".[13] Artisticamente, os dois irmãos se descobriam juntos.

Entre a linguagem popular e a tradição da cultura erudita, a dupla estabelece em "Alma caiada" alguns dos principais traços poéticos que desenvolveria no decorrer da parceria. A canção traz um eu lírico que toma emprestados imagens e símbolos para expressar sua interioridade. Melodicamente, os versos se aproximam da fala, o que no canto de Marina criará proximidade com o ouvinte, reforçando ainda mais o lirismo da canção. Flexionadas no gênero feminino, as composições construíam uma persona que Marina sustentaria em seu canto e em sua performance. A construção em dupla desse *eu* passava pelos rincões da fantasia e do desejo, como Cicero comenta:

> Quando estou trabalhando com Marina, eu vejo Marina como uma *persona* minha, como um heterônimo meu. Acho que a *persona* Marina, justamente por ser uma pessoa física diferente, permite

---

[12] Castello, José. "Antonio Cicero investe no ofício de poeta". In: Nogueira, Arthur (org.), op. cit., p. 53.
[13] Idem, ibidem.

que eu diga coisas que não diria como Antonio Cicero. Com ela, as fantasias ficam mais livres. Como eu acredito, ao contrário do que se pensa, que a fantasia revela mais do que a nudez, acho que é bem possível que sejam muito mais verdadeiras, num sentido profundo, as coisas que eu faço como Marina.[14]

Estabelecida em um espaço de extrema intimidade e cumplicidade, em que eram mútuas as confissões do dia a dia, a relação entre os irmãos foi simbiótica nos anos iniciais, como relembra Marina: "O Cicero meio que me traduzia no começo. Só que ele traduzia um mundo que eu vivia e que ele idealizava também, que ele não vivia tanto."[15] Anos após o auge da parceria, a cantora destaca que, embora cada um tenha seguido um caminho distinto a partir da década de 1990, a troca entre eles marcou ambas as carreiras. "A gente se misturou a tal ponto que cada um seguiu mais sozinho. Ele levou adiante muita musicalidade que aprendeu comigo, eu acho, em ritmo, e eu levei adiante o método [do fazer artístico] e alguns conceitos", comenta.[16]

Deixando de lado o refrão, um dos principais recursos da música popular, as composições de Marina e Cicero são corridas, sem ponto de retorno: as estrofes não se repetem e estão usualmente divididas em parte A e parte B, cada qual com um encadeamento harmônico e melódico próprio. Sempre conjugado na primeira pessoa do singular no tempo presente, o discurso segue um formato epistolar, de carta. Como algo que se relata, se confidencia ou se declara a alguém, as canções de

---

[14] Dantas, Marcelo. "O anonimato também pode ser 'um barato'". In: Nogueira, Arthur (org.), ibidem, p. 29.
[15] Lima, Marina. Depoimento ao autor, transcrito em Gonçalves, Renato, op. cit.
[16] Idem, ibidem.

Marina e Cicero desenvolvem um *eu* que sempre se posiciona frente aos seus desejos e desenrola suas tramas subjetivas.

Para Marina, o encontro artístico com Cicero a levou a se firmar como uma compositora, intérprete e musicista. Sua tia Léia, que trabalhava com Caetano e Gil, incentivou a sobrinha a gravar uma fita demo com as composições que fez com o irmão e uma regravação de "We'll be together again", do repertório de Billie Holiday, para ser mostrada a gravadoras no Brasil, que logo se interessaram pela figura de uma mulher jovem, instrumentista e compositora, ocupações até então pouco usuais no mercado, como Mazzola, produtor de seu primeiro LP, destacaria: "Fiquei bastante impressionado com a voz e a maneira como ela tocava, não existia nada igual. Sempre gostei de coisas diferentes, e ela me chamou muito a atenção."[17]

A estreia da dupla esteve para sempre marcada pela interdição, devido ao veto a "Alma caiada". Sem o irmão, Marina compõe o blues "Meu doce amor" (1977), em parceria com o poeta Duda Machado, que foi gravada por Gal Costa no disco *Caras e bocas*, enquanto as canções feitas com Cicero só surgiriam em seu primeiro disco, *Simples como fogo* (1979).

Nesse ínterim, Antonio Cicero ministrava aulas de Filosofia em universidades fluminenses, atividade que desempenharia em diversos momentos, enquanto Marina assinava um contrato com a Warner, gravadora multinacional que iniciava suas operações no país: "Quando fiz a audição, eles não compreenderam muito minha música [...] Acho que eles viram que tinham uma pessoa que era inclassificável, mas de maneira atraente",[18] re-

---

[17] Mazzola, Marco. *Ouvindo estrelas. A luta, a ousadia e a glória de um dos maiores produtores musicais do Brasil.*
[18] Lacombe, Milly, op. cit., pp. 56-7.

lembra a cantora. Até *Fullgás*, Marina havia lançado quatro LPs, um pela Warner (*Simples como fogo*, 1979) e três pela Ariola (*Olhos felizes*, 1980, *Certos acordes*, 1981, e *Desta vida, desta arte*, 1982), todas grandes gravadoras.

Do *background* erudito, advindo das incursões de Antonio Cicero pela filosofia e pela poesia, e das referências e ideias musicais de Marina, que flertam com um repertório popular, nasceu o *Manifesto Fullgás*. Nele, são notáveis as marcas das diferentes trajetórias que cada um dos irmãos foi tomando até aquele momento de encontro e simbiose. Após alguns anos de parceria, o manifesto apresenta não apenas a maturidade de pensamento da dupla, como também sua ambição.

---

"Somos brasileiros e estrangeiros." A afirmação que inicia o manifesto pode ser interpretada à luz da experiência pessoal dos irmãos. Em um momento de transição democrática em que as representações do que viria a ser o Brasil estiveram no centro do debate político, a frase causa certa estranheza, e esse é, sem dúvida, o efeito desejado. Como, ao mesmo tempo, pertencer a um determinado lugar e ser estrangeiro nele? Da contradição tenta-se chegar a uma síntese: apesar da "nossa verdadeira casa" e da "casa da nossa música" não possuírem qualquer traço que as delimite, escolhemos ser brasileiros. O fato de ser uma escolha, e não uma determinação ou condição, mesmo, de nascer brasileiro, já aponta para a perspectiva subjetiva que permeia a visão de Marina e Cicero: é do sujeito e do seu desejo que devem partir os vetores da mudança.

Através da negação de características que evocam uma materialidade territorial ("a casa da nossa música não tem paredes, nem teto, nem cerca, nem fronteira"), não se delimita qualquer espaço. No manifesto, a identificação com uma filiação brasileira reside na concepção de que o Brasil "vem da fusão de todas as águas". "Fontes", "fusão", "miscigenação": há fluidez nessa mistura. Não há conflitos na mescla de correntes culturais; o país, assim como "a nossa música", é um lugar aberto — um lugar aberto ao mundo. Diante disso, destaca-se a palavra "agorafobia", o medo de espaços abertos, que seria um dos sintomas do conservadorismo. Em sua visão, aqueles que tentavam refrear a potência da mistura e se agarravam a nacionalismos de toda sorte teriam temor à mínima possibilidade de diluição das fronteiras.

Outra metáfora presente no manifesto é o contraste entre as "raízes" e as "antenas". Ao contrário de uma organicidade representada pelas raízes defende-se a imagem de "antena", que, como expressão máxima da globalização, é uma invenção tecnológica que se crê encurtar distâncias e sincronizar temporalidades, para "ser contemporâneo ao mundo". Um ano após o lançamento do texto, Cicero comentou que "o rótulo de raiz é slogan, na verdade, usado para tentar coibir, limitar a área de atuação de um artista, de um compositor, de um pensador brasileiro".[19]

Quando Marina e Cicero se colocam contra a ideia de "uma evolução linear da música", como dito no manifesto, fazem referência à proposta difundida por Caetano Veloso de 1966 em diante que traçava uma linha evolutiva partindo do samba, passando pela bossa nova e chegando ao tropicalismo. Antonio Cicero realizou posteriormente outra leitura sobre o posiciona-

---

[19] Cicero, Antonio. "As raízes e as antenas em debate". In: Nogueira, Arthur (org.), op. cit., p. 16.

mento do tropicalista: "A novidade introduzida por Caetano se encontra não em desenvolver a bossa nova do ponto de vista técnico, mas sim na elucidação conceitual tanto da música popular brasileira quanto da música popular em geral."[20]

Na trajetória da canção brasileira, a posição de Marina Lima é única. Suas canções não se encaixam perfeitamente nem na MPB, embalagem que chancelaria a produção considerada nobre no país, nem no incipiente rock da década, que estaria no lado oposto do espectro, contrário à seriedade da primeira, na lógica então dominante.

O interesse de Marina pelo rock brasileiro não se dava necessariamente apenas pela posição política que ele continha nem somente pela proximidade geracional, mas sobretudo pela revolução estética que o gênero promovia. Como uma proposta referenciada em bandas estrangeiras — são nítidas as semelhanças entre o rock nacional dos anos 1980 e a sonoridade de bandas como The Smiths, Duran Duran e The Clash —, o rock nacional trouxe novos elementos para desafiar a rigidez estética da música popular brasileira, como comentou Marina à época:

> É como tirar a peneira, antes marginalizada ou colocada de fora pelos intelectuais. Ruim porque tem muita música pobre. Bom por alterar a balança. Eu, antes, me sentia sozinha. Não era uma brasileirinha. É bom existir toda essa sujeira, Rita Lee, Blitz — bom ou ruim, eles fornecem outros parâmetros. Anteriormente, toda ousadia significava um atentado ao patrimônio histórico.[21]

---

[20] Cicero, Antonio. "O tropicalismo e a MPB". In: *Finalidades sem fim. Ensaios sobre poesia e arte*, p. 71.

[21] Almeida, Miguel de. "Marina, a que impede suicídios na MPB", *Folha de S.Paulo*.

Dando importância à produção artística dita mercadológica, em *Fullgás* Marina leva às últimas consequências a afirmação do manifesto: "Às vezes, é do mais 'vulgar' que vem o toque mais sutil." Utilizando-se do procedimento da linguagem pop, que tem na mistura sua principal orientação, Marina mesclará o repertório autoral, a MPB e o rock nacional, transitando bem por tais rótulos do cenário musical, tocando nas rádios AM e FM, apresentando-se em programas televisivos de todos os tipos e ocupando um lugar diferenciado no cenário musical.

Por fim, o manifesto aponta para a confusão e até mesmo a fusão entre um fazer artístico e político e as esferas subjetivas: "Se nossa música é política? Nossa música é a nossa política." Os irmãos foram questionados diversas vezes a respeito de mensagens políticas em suas canções, indagação respondida por Cicero em 1984: "Mais radicalmente do que comunistas e fascistas, concordo que o político não se dá apenas numa instância própria, exclusiva. E fico espantado quando me cobram uma posição política no meu trabalho, logo os que dizem que tudo é político."[22]

Desde pelo menos o fim da década de 1960, o conceito e as dimensões do que seria a *política* estavam em disputa. Nos anos pós-1968, data que assinalou uma revolução no pensamento ocidental, houve um alargamento das questões políticas a partir de novas perspectivas, que não mais as enxergariam apenas pela perspectiva das macroestruturas, mas também a partir das microestruturas, como o corpo, os afetos e as alian-

---

[22] Cicero, Antonio. "Marina. O nome de um país cheio de gás, pique e modernidade", *Folha de S.Paulo*.

ças jurídicas.[23] Nesse sentido, Marina buscava pensar a política a partir de uma posição libertária: "Prego a liberdade e quero que cada um queira ser o que quer. É superimportante ser você mesmo, e meu público apoia este trabalho de liberdade, pois meu trabalho é minha política", declarou ao jornal *Folha de S.Paulo*.[24]

"Melhor para nós são a descoberta e a liberação dos desejos e gostos autênticos de cada um": o desejo, central no manifesto, é o protagonista na poética de Marina e Cicero e permeia *Fullgás*. O amor, que sempre foi a principal temática da dupla, é o combustível de suas composições, como comentou a cantora: "Compor é um estado febril... Geralmente o que me move é o dia a dia, as paixões. Adoro me apaixonar, nem que seja por cinco minutos. É mais do que amor: é a rotina, a incerteza, o risco — a aventura me atrai muito."[25] É também o afeto que move o poeta Antonio Cicero: "Eu vejo o sofrimento como dimensão fundamental da paixão. Eu quero arriscar, criar novas necessidades e, realmente, me apaixonar e sofrer por elas. Isso é fundamental para minha existência como poeta."[26]

Na *poética do desejo* de Marina e Cicero, ponto de partida para pensar um país, a primeira pessoa do singular é enunciada de forma enfática desde os versos iniciais: "Meu mundo você é quem faz" ("Fullgás"); "Gostei demais de te amar" ("Mesmo se o vento levou"). A ênfase no *eu* se desdobra na conjugação

---

[23] Marcuse, Herbert. *Eros e civilização: Uma interpretação filosófica do pensamento de Freud*.
[24] Aragão, Diana. "Marina: a volta por cima no Teatro Ipanema", *Jornal do Brasil*.
[25] "Marina volta com tudo", revista *Bizz*, p. 38.
[26] Máximo, Jairo. "Venturas d'um poeta". In: Nogueira, Arthur (org.), op. cit., p. 25.

verbal em primeira pessoa e nos respectivos pronomes possessivos, não deixando dúvidas de que esse sujeito expressa seus sentimentos, para um outro alguém, a partir do que vê. A condição subjetiva é levada até as últimas consequências: a projeção do *eu* é tão livre que pode até mesmo criar espaços, como um país. A fantasia na dupla, como a fantasia para a psicanálise, não é sonho no sentido do mero devaneio ou ilusão, opostos à realidade; é, sim, parte essencial de sua construção. A realidade se tece no cruzamento de narrativas subjetivas, e a posição de Marina e Cicero é ambiciosa: o sonho de ambos é a realização de um desejo, como na máxima freudiana.[27]

Essa *poética do desejo* elabora uma espécie de arqueologia das vicissitudes, interpretações e direções do desejo. O *querer* é um verbo conjugado ao extremo, assim como na tônica do movimento pelas Diretas Já, onde se "queria" votar para presidente. O desejo de um novo país ou de uma nova forma de expressão pode ser revolucionário, e a sua falta pode se transformar em fonte de angústia e paralisação; assim pregam os filósofos Félix Guattari e Gilles Deleuze, cuja recepção no Brasil se daria sobretudo na década de 1980, quando afirmam que o maior problema na sociedade capitalista não seria a complexidade do desejo, e sim a sua ausência.[28] Os percursos do desejo em *Fullgás* também encontram eco em um dos best-sellers da década, lançado no mesmo ano do disco: o romance *A insustentável leveza do ser*, de Milan Kundera, que desenvolveria uma discussão filosófica sobre o peso das escolhas.

---

[27] Freud, Sigmund. *A interpretação dos sonhos. Obras completas, vol. 4.*
[28] Deleuze, Gilles; Guattari, Félix. *O anti-Édipo: Capitalismo e esquizofrenia 1.*

Assim, a criação de um novo país, em *Fullgás*, caminharia tanto pela mobilização coletiva quanto pela busca pessoal de transformação na esfera íntima e subjetiva. Marina defende a ideia explicitamente:

> Há várias formas de você mudar o mundo — falar de amor, assumir as suas diferenças, enfim, lutar por uma mudança no plano subjetivo, mudar você mesmo por dentro e mostrar isso, às vezes, é mais revolucionário do que fazer música de protesto. Eu sempre fiz o que estava ao meu alcance e sempre tentei uma atitude mais ousada falando sobre os assuntos que me interessam mais. E o amor é uma questão superimportante. Eu não saberia fazer músicas como o Legião [Urbana], por exemplo. Mas isso não incomoda, pois eu sei que existem muitas coisas para ser trabalhadas e de muitas formas também.[29]

Para a psicanálise, todo desejo está fundado na falta.[30] Ao expor suas insatisfações, suas percepções e seus anseios, Marina e Cicero nos colocam a questão do tempo presente como principal força motriz para a urgência de escrever e publicar um manifesto. O que faltava no "agora"? Explicitada em uma nota de rodapé do texto, a associação entre "agorafobia" (que originalmente vem de "ágora", espaço aberto) e a fobia do instante presente (sentido que poderia advir da formação do termo a partir do "agora") compartilha a percepção de um atraso em relação ao mundo. Nesse sentido, pode-se estabelecer uma relação direta com o pensamento desenvolvido por Antonio Cicero durante a década de 1980 e posteriormente publicado

---

[29] Jaime, Leo. "A mais legal da turma", *Capricho*, p. 86.
[30] Lacan, Jacques. *O Seminário, livro 10: A angústia*.

em *O mundo desde o fim* (1995). O conceito de *agoralidade*, elaborado para substituir a ideia de que a modernidade poderia ser superada (como propõem os defensores da hipótese de que, a partir da segunda metade do século XX, vive-se em um período pós-moderno), enquadra o tempo como um fator histórico-filosófico: "A modernidade é agoralidade, o agora em si, o agora enquanto agora, a essência deste instante, que é o que buscamos."[31] Nas palavras de Marina, a busca pela modernidade passa pela constatação do atraso em relação ao "nosso tempo". "Não estamos avançados em relação ao nosso tempo, as pessoas é que estão atrasadas. Nós estamos ajudando a formar a nova cara do Brasil. É o Brasil que está atrasado!"[32]

Em suma, a dupla observava e explicitava transformações que estavam para eclodir e, em parte, essa percepção advinha da comparação com o que ocorria em nível global a partir dos grandes centros culturais do Ocidente. No campo político, a emergência do rock, alterando a balança da MPB, sinalizava novos sentidos de atuação. Intimamente ligada à política, a revolução comportamental que passava pelos rincões do gênero e da sexualidade trazia para a cena discursos e práticas outrora silenciados ou impossibilitados pelo conservadorismo da ditadura militar. Por fim, a globalização construía novas redes, das quais o pop, como linguagem e práxis artística, se tornava uma insígnia.

---

[31] Cicero, Antonio. *O mundo desde o fim*, p. 16.
[32] Gaio, Ana. "Marina. Uma mulher de seu tempo", revista *Desfile*, p. 46.

# 3. O processo de (re)construção de um país

Foi sintomática a retomada dos festivais de música brasileira, formato abandonado na década de 1970, no novo momento político de transição democrática. A partir do Festival da Nova Música Popular Brasileira (1980), tornam-se rotineiras as competições de novos compositores e intérpretes. Marina, que já havia lançado dois discos por duas grandes gravadoras, interessada nessa importante plataforma de projeção ao grande público, inscreveu-se com Cicero na segunda edição do festival, realizada em 1981. A canção, "Avenida Brasil" (Marina Lima/Antonio Cicero), embora não tenha se classificado para concorrer no festival, foi gravada no LP *Certos acordes* (1981) e depois retomada no LP *Todas* (1985). Com ela, Marina passou a falar explicitamente em uma dimensão política pela primeira vez.

Esse *samba-funk* opera como uma metáfora daquele momento no país. Como cenário da canção, um engarrafamento na avenida Brasil, importante via da cidade do Rio de Janeiro de 58 quilômetros de extensão, considerada a maior avenida do país. Fazendo referência ao tempo presente nos dois primeiros versos ("Eu estou tão atrasada/ E o sol já vai se por"), o eu lírico feminino afirma estar atrasado, distante e estancado no caminho entre ele e seu objeto de amor; impossibilitando o encontro estão o engarrafamento, o que "está errado" e o que está "por fora". O Brasil, metaforizado pela avenida, é um lugar de passagem — Chico Buarque clama em duas de suas canções do período que também deseja passar: "Já passou" (1980) e "Vai passar" (1984).

Entre o futuro democrático e o passado autoritário havia um impasse, metaforizado em "Avenida Brasil" quando, ao sintonizar o rádio, o eu lírico é perturbado pelo noticiário A Voz do Brasil, mencionado por meio da vinheta de abertura, um trecho da conhecida ópera de Carlos Gomes: "Ligo o rádio, mas é hora/ De tocar *O guarani*" — o programa radiofônico estatal, de veiculação obrigatória para a integração nacional, é um dos entulhos de períodos ditatoriais. "Onde está a Rita Lee?", se pergunta o eu lírico; no lugar do discurso autoritário e oficial, prefere-se a irreverência de Rita Lee, que, juntamente com Marina, foi uma das pioneiras da música pop no Brasil.

O processo de transição democrática não estava totalmente claro; havia ainda o "breu" e a "brenha", a escuridão, o indecifrável e o emaranhado. Mas, frente a eles, não havia espaço para o medo. O movimento outrora retido e fonte de angústia se transforma em ação: o mesmo sol que sumia no horizonte agora servirá de guia: "Pois o meu farol é o sol/ da avenida Brasil." Mirando um novo futuro, o eu lírico assume para si a responsabilidade de enfrentar o medo, iluminar o caminho e por ele passar. Na regravação de 1985, quando o processo de abertura democrática estava mais bem delineado, Marina propôs uma nova interpretação. A entonação de desespero dá lugar à euforia pelo acréscimo da afirmação "já passei", que celebra os primeiros anos de transição.

---

Antes de descobrir as camadas de sentido presentes nas canções de *Fullgás*, é importante destacar o contexto político e cultural cujos vetores atravessam o disco. No ano de seu lançamento, 1984, o Brasil encontra-se no ápice do processo de transição democrática com o movimento pelas Diretas Já, cuja adesão popular e partidária reacende a luz da esperança por dias melhores. Após vinte anos de ditadura militar, o país entrevê a democracia e a chance de recriar um país.

Iniciada em 1979 com a Lei da Anistia "ampla, geral e irrestrita" e o anúncio oficial do general Ernesto Geisel de uma "transição lenta, gradual e segura", a redemocratização, nos primeiros anos da década, é marcada pela manifestação popular e pela rearticulação política de partidos, que até 1982 tinham permanecido suspensos ou sido extintos pelo regime militar. Uma só pauta une todas as movimentações políticas de oposição ao governo militar: a retomada do poder pela sociedade civil brasileira.

Contudo, entre o passado autoritário da ditadura militar e um projeto democrático que está se delineando, não são poucos os entulhos da ditadura a serem implodidos. O regime que teve início com o golpe militar de 1964 imprimiu marcas profundas na cultura e na sociedade brasileira. No campo da música popular, cantores e compositores foram conduzidos aos porões da ditadura para interrogatórios sobre envolvimento político e/ou levados ao exílio em terras estrangeiras, especialmente nos anos de chumbo, entre 1968 e 1974, e eram rotineiras as práticas de censura, que perdurariam até 1985.

O suposto "milagre econômico" propagado pelo governo militar, que, no fim das contas, teve como efeito rebote o aumento das desigualdades econômicas e sociais, desencadeia uma recessão econômica sem precedentes que impacta sobretudo a classe média. No fim da década de 1970 enfraquece-se o suporte à ditadura militar, que por muito tempo teve a adesão de parte da sociedade civil, pouco ou nada preocupada com práticas autoritárias como censura, tortura e desaparecimento de presos políticos. Em 1981, o atentado frustrado no Riocentro no Dia do Trabalhador, com a explosão de uma bomba no colo de um militar, coroa a irremediável crise de reputação institucional dos militares.

A volta dos últimos exilados com a Lei da Anistia, em 1979, renova os ares políticos do Brasil. Embora a censura ainda se mantivesse, seus aparelhos de silenciamento se afrouxavam e canções como "Cálice", de Chico Buarque e Gilberto Gil, e "O bêbado e a equilibrista", de João Bosco e Aldir Blanc, são liberadas e viram símbolos do debate político, ao mesmo tempo que se dá a construção de uma memória coletiva sobre os anos de chumbo, tendo como principal expoente o político e jornalista Fernando Gabeira, que lança *O que é isso, companheiro?*, um relato do episódio que possibilitou sua saída do país, que logo se torna um dos livros mais reimpressos da época.

Apesar do anúncio oficial do processo de transição democrática, havia muitas incertezas sobre os passos seguintes. No início da década, as greves de operários no polo industrial da região do Grande ABC (1978-1980), que revelariam o líder sindical Luiz Inácio Lula da Silva e culminariam na criação do Partido dos Trabalhadores (PT) e da Central Única dos Trabalhadores (CUT), apontam para um desejo latente de retomada do poder popular. Após anos de obscurantismo, volta a ser vislumbrada, parafraseando Caetano Veloso em "Nu com a minha música" (1981), uma "trilha clara" para o Brasil "apesar da dor".

Pouco a pouco amplia-se o espectro de pontos de vista políticos: sob o signo da individualidade, as visões de um país revelam desejos, anseios e vivências, abrindo caminho para a pluralidade que supostamente seria abarcada pela Constituição de 1988. Àquela altura, as representações do que seria um país são retomadas por aqueles que tinham sido excluídos dos discursos nacionalistas e ufanistas da ditadura militar. Elis Regina, nos últimos shows de sua carreira, como os da turnê *Saudade do Brasil* (1979), redescobre um país que não se queria enxergar ou que fora esquecido na ditadura, enquanto "Bye Bye Brasil", composta por Chico Buarque em 1979 especialmente para o filme homônimo de Cacá Diegues, relata as colossais diferenças entre regiões e realidades ao percorrer as proporções continentais do país. A severa e extensa seca do Nordeste ganha as manchetes a partir de 1980 e, por sete anos, período em que dizimou mais de 3,5 milhões de nordestinos, coloca em pauta a miséria, a fome, a vulnerabilidade social e o abandono do Estado nas zonas rurais, fatos outrora maquiados pelo projeto desenvolvimentista da ditadura.

---

Se, com a proximidade do fim da ditadura, grande parte da música popular brasileira buscava resgatar uma nação (como na canção que traz esse título, composta por João Bosco e eternizada por Clara Nunes) que teria sido perdida, apagada ou fraudada pelo ufanismo ditatorial, em *Fullgás* Marina parecia estar mais interessada na criação de um novo cenário. O contraste entre o *novo* e o *velho*, o *contemporâneo* e o *atraso*, fortalecia uma visão globalista que posicionava o Brasil como par de outras potências mundiais, como comentou Marina à época: "Eu não posso compor um xaxado, baião, essa não é a minha vivência. Passei a vida inteira em grandes cidades. Então a urbanidade, a metrópole, sim, são a minha experiência. Meu contato é com o mundo. Do Brasil pra fora. Estou diante de um enorme liquidificador."[33]

A temática da filiação mestiça, presente no *Manifesto Fullgás*, se justifica em parte pela vivência internacional de Marina, mas também está em sintonia com a música pop que vai nascendo no fim da década de 1970 e se consolida no início dos anos 1980 com Michael Jackson, Madonna e Prince, artistas que, como veremos mais à frente, ressoam na linguagem de *Fullgás*.

Em 1982, surgia uma nova imagem de juventude nas praias da Zona Sul do Rio de Janeiro, onde Marina vivia na ocasião. Como uma de suas mais fiéis representações, o filme *Menino do rio*, de Antônio Calmon, capturava um novo jovem, que, diferentemente dos antecessores, se mostrava totalmente alheio a lutas políticas: "gente linda, bronzeada, de biquíni, canga, short e camiseta, pranchas de areia e [fazendo] muita festa",[34] como descreve Maria Juçá, fundadora do Circo Voador, que foi inicialmente um importante espaço de shows na praia do Arpoador, palco das estreantes bandas Blitz e Barão Vermelho.

Projetada e encabeçada inicialmente pela Rádio Cidade e pela Rádio Fluminense, a nova geração de roqueiros dominaria todas as frentes da indústria cultural, adentrando as grandes gravadoras e as redes de difusão televisiva e radiofônica. Em pouco mais de dois anos, as bandas de rock criariam a trilha ideal para essa romântica juventude do início dos anos 1980.

---

[33] Souza, Okky de. "Primeira cigarra. Marina anuncia o verão em bossa carioca", *Veja*.

[34] Juçá, Maria. *Circo Voador: A nave*, p. 48.

Com toda a imprecisão que o termo carregaria, o rock virava o rótulo de uma nova geração. Marina, em 1987, tentou definir: "Rock é comportamento de vida, de contestação, da gente ir contra o que é convencional."[35] Nessa chave de compreensão, a banda Blitz e sua "Você não soube me amar" (Evandro Mesquita/Guto Barros/Ricardo Barreto/Zeca Mendigo), Legião Urbana se autointitulando "os filhos da revolução" e RPM proclamando a revolução propriamente dita são promessas de "novidade", "contestação" e "juventude". Os jovens seriam os protagonistas dos novos tempos políticos e o rock, sua bandeira.

O cenário político de transição democrática e suas representações se equiparavam ao rock pela essência comum aos dois: a ruptura com o passado e o desejo do novo. No rock, falou-se em "revolução" até o termo se esgotar. Uma das melhores ilustrações dos sentidos da palavra no contexto do rock da década de 1980 talvez esteja no caso de sucesso da banda RPM, que até mesmo carrega o termo no nome: "Revoluções Por Minuto".

Tendo lançado seu primeiro LP em 1985, RPM rapidamente se transformou em um fenômeno nacional; como registrou o *Globo Repórter Especial* realizado em 1986, a banda viajou o país arrastando legiões de adolescentes.[36] Uma cena do programa, em particular, chama a atenção: à porta de um hotel onde a banda estava hospedada, uma multidão de meninas que aparentavam ter entre 14 e 16 anos segurava cartazes e esperava os integrantes saírem para se dirigirem ao ônibus da banda. O repórter Pedro Bial questiona então uma das garotas: "O que quer dizer 'revolução'?" Ela hesita e diz vagamente:

---

[35] "Marina volta com tudo", revista *Bizz*, p. 38.
[36] *Rádio Pirata ao vivo*. Globo Marcas, [1986] 2010, DVD.

"Ah, a revolução dos jovens..." O repórter insiste: "Mas o que quer dizer a palavra 'revolução'?" Vacilante, a garota responde: "Ah, mudar o que era antes para o que é agora, o que era de ruim para o que é melhor." A entrevista é interrompida por uma gritaria: os integrantes da banda acabavam de sair do hotel e as garotas se reuniam para tocá-los, agarrá-los, enfim, conhecer seus ídolos. Não há melhor ilustração para marcar o limite dessa revolução proclamada pelo rock que é o esvaziamento do próprio termo, que muitas vezes funcionou mais como embalagem do que como objetivo final. Para as fãs da banda, não interessava qualquer ideologia revolucionária ou proposta política, e sim chegar perto de seus *rockstars* preferidos.

Dentre todas as expressões culturais da década de 1980, o rock foi a que esteve mais explicitamente alinhada ao novo momento político — ou pelo menos assim ele foi vendido, consumido e apreendido no processo de construção de nossa história recente. Como emblema dessa conexão direta está o episódio em que "Inútil", da banda Ultraje a Rigor, foi citada durante discurso na Câmara dos Deputados por Ulysses Guimarães, que clamava por renovação política em 1985. É salutar também a leitura corrente que destaca a verve política nas canções de bandas surgidas no período e as nomeia de BRock.[37]

Para além das dimensões políticas que o rock brasileiro possa ter carregado, o gênero representou uma lucrativa fatia do mercado fonográfico brasileiro na década de 1980. Dirigido ao consumidor jovem, o rock nacional resulta em parte da evolução da indústria do disco, como desenvolveu Marcia Tosta

---

[37] Sobre o BRock e expressões adjacentes, conferir Alexandre, Ricardo. *Dias de luta*: O rock e o Brasil dos anos 80.

Dias em *Os donos da voz*.[38] No fim da década de 1970, os executivos da indústria perceberam, a partir de estudos mercadológicos, que um ajuste estratégico se fazia necessário para se chegar ao consumidor de disco, que em diversas regiões do mundo é composto majoritariamente por jovens. Encontraram no gênero uma solução e empenharam-se de imediato em investir nele, como fez André Midani, um dos principais líderes brasileiros da WEA, que produziria o primeiro disco de Marina, *Simples como fogo*, em 1979.

Embora nunca tenha se identificado totalmente com o rock, a aproximação de Marina com o gênero começou em *Desta vida, desta arte* (1982), antecessor de *Fullgás*, e perdurou até pelo menos o disco *Virgem* (1987). Ao longo de sua trajetória, Marina ainda gravaria canções de Lobão ("Noite e dia", "Me chama", em 1982 e 1984, respectivamente), Legião Urbana ("Ainda é cedo", em 1986), Os Paralamas do Sucesso ("Dois elefantes", em 1989), Paula Toller ("Nada por mim", em 1985, composta em parceria com Herbert Vianna) e Kiko Zambianchi ("Eu te amo você", em 1985): bandas, artistas e compositores expoentes do rock nacional.

A canção que abre o álbum antecessor de *Fullgás*, o rock "Acho que dá" (Marina Lima/Tavinho Paes), onde se estabelece um jogo entre "nós" ("a gente sempre com tudo em cima") e eles ("caretas marcam sob pressão"), foi inicialmente vetada por conter uma "linguagem empregada por usuários de drogas", conforme parecer da censura, que custou a liberar a canção.

---

[38] Dias, Marcia Tosta. *Os donos da voz: Indústria fonográfica brasileira e mundialização da cultura*.

Perigo é uma blitz na esquina
Caretas marcam sob pressão
E a gente sempre com tudo em cima
O céu, a terra, a vida, a visão

A revolução sinalizava a crença da mudança enquanto mola propulsora, cujo objetivo não é chegar a lugar algum, mas apenas à própria mudança. Antonio Cicero evidencia essa ideia ao explicar o rock "Muda Brasil", composto com Marina e gravado no LP sucessor de *Fullgás*, *Todas* (1985), de versos como "vê na minha cara/ mais de mil Brasis modernos": "Gosto da ideia de 'Muda Brasil' e, porque o termo estava se banalizando, quis dar-lhe nova força, revitalizá-lo. Muitas pessoas querem que o Brasil mude pra se tornar mais Brasil, enquanto nós já estamos na própria mudança, somos por mais mudanças, vertiginosamente, não seria mudar pra nada que cessasse a mudança."[39]

---

Durante a produção de *Fullgás*, comícios e passeatas ocupavam regiões centrais de diversas capitais do país, bradando pela volta das eleições diretas, uma mudança fundamental para o estabelecimento democrático. O movimento das Diretas Já, que foi iniciado em 1983 e perduraria até meados do ano seguinte, para que o dia nascesse feliz, como estandardizou um dos mais emblemáticos versos da banda Barão Vermelho, mostrava a força da massa popular. Tomando as ruas, multidões caminhavam com blusas amarelas (eternizadas por Chico Buarque em

---

[39] Rennó, Carlos. "Todas as notas de Marina Lima", *Folha de S.Paulo*.

"Pelas tabelas", de 1984) e seguravam cartazes criados a pedido de políticos de oposição por publicitários de Curitiba: "Eu quero votar para presidente."

Sempre escrito a mão, o slogan da campanha carregava os sentidos de humanização e autoria em contraste à padronização e desumanização do regime militar. Os conhecimentos de publicidade e propaganda foram essenciais para a criação da unidade e da coesão necessárias para que o movimento se fortalecesse e fosse replicado em diversas capitais sem perder o rumo e a pauta iniciais. O amarelo, cor inspirada na bandeira nacional, foi reproduzido em camisetas, adesivos, balões e chaveiros e se transformou em uma das insígnias daquele ano.

A cada mês, em diversas cidades do país, o movimento ganhava força pela divulgação boca a boca e pela adesão em massa de artistas, intelectuais, movimentos sociais e líderes de oposição ao governo militar, chegando a reunir um número expressivo de manifestantes, como 1 milhão e 1,5 milhão de pessoas em comícios no Rio de Janeiro e em São Paulo, respectivamente. As maiores divergências políticas se apagavam diante de uma pauta que unia diversos representantes da sociedade civil e criou-se, assim, uma frente ampla de oposição à ditadura militar.

O sol, reproduzido nas campanhas pelas eleições diretas em um traço infantil, surgia como um símbolo daqueles anos, como se o astro-rei profetizado durante o recrudescimento da ditadura militar no samba "Apesar de você" (Chico Buarque) fosse finalmente raiar. Quando, em 1986, pós-transição democrática, Caetano Veloso regravou "Amanhã", canção originalmente apresentada por seu autor, Guilherme Arantes, em 1979, seus versos ganharam novos sentidos: "Amanhã/ Mesmo que uns não queiram/ Será de outros que esperam/ Ver o dia raiar."

Aos trancos e barrancos, o processo democrático ia se estabelecendo. Por um lado, vivemos frustrações, como os percalços da não aprovação da emenda que garantiria as eleições diretas para presidente em 1984 e o falecimento de Tancredo Neves, primeiro político de oposição a ser eleito desde o Golpe de 1964, ainda que indiretamente. Por outro, entre equívocos e acertos, os entulhos da ditadura militar eram eliminados um a um, permitindo que uma luz de participação popular fosse retomada. A esperança e a democracia, após anos de silenciamento, podiam ser, enfim, pronunciadas. O Brasil, àquela altura, era um projeto a ser desenhado. A camiseta que Marina usava no videoclipe da canção "Fullgás" sintetizava a retomada do desejo: "Brasil, urgente, diretas pra presidente."

## 4. "Um homem pra chamar de seu": gênero e sexualidade

O sentimento político de retomada encontrava paralelos com a revolução comportamental que passava pelas dimensões do sexo e do erotismo. Quanto mais se aproximava o fim da ditadura militar, mais se ampliava o espectro de expressões públicas de gênero e sexualidade. Nas décadas anteriores, os órgãos de censura e repressão retiveram não somente mensagens politicamente subversivas, como também aquelas que ferissem "a moral e os bons costumes".[40] Até mesmo a palavra "tesão", em "Mais uma vez" (Nelson Motta/Lulu Santos), penúltima faixa de *Fullgás*, foi retida pela censura. Um corte na mixagem final do fonograma deixou um silêncio que poderia passar despercebido pelo ouvinte, que o interpretaria como defeito do disco (um arranhão, por exemplo), mas na leitura do encarte ele encontraria a informação, entre parênteses, na respectiva transcrição da letra: "palavra vetada pela censura".

A revolução sexual e comportamental certamente não era nova em meados dos anos 1980, uma vez que ela chegara ao Brasil, por meio da cultura europeia e da norte-americana, na

---

[40] Quinalha, Renan. "Contra a moral e os bons costumes: A política sexual da ditadura brasileira (1964-1988)".

década de 1960. Após voltarem do exílio em Londres, onde se concentrava a contracultura em 1968, os tropicalistas Caetano Veloso e Gilberto Gil esgarçaram as fronteiras binárias de gênero em suas performances com maneirismos, indumentárias andróginas e discursos bissexuais.[41] Assim como Tuca, cantora brasileira assumidamente lésbica que passou grande temporada na França e lançou o disco *Drácula, I love you* (1974), com canções homoeróticas. Também de volta ao país após a Anistia, tendo passado pela Suécia e pela Itália, Fernando Gabeira foi estampado nas primeiras páginas dos jornais brasileiros ao usar uma sunga de crochê no verão carioca de 1980.

Do subtexto da cultura brasileira, as novas formas de expressão da sexualidade passaram para um lugar de destaque na década de 1980. A partir da circulação de livros, filmes e expressões da cultura pop, sexo passou a ser pautado em determinados circuitos. Na 5ª Mostra Internacional de Cinema, em 1981, em São Paulo, foram exibidos pela primeira vez em solo brasileiro *Saló, os 120 dias de Sodoma* (1975), última película do italiano Pier Paolo Pasolini, e *WR: Mistérios do organismo* (1971), filme produzido pela Frente de Libertação Sexual e banido da então Iugoslávia.

Marina observava de perto a revolução sexual em processo. "O modelo careta não está mais satisfazendo. O brasileiro mudou e resolveu se abrir, inclusive na sexualidade. Todo mundo quer se achar", declarou em uma entrevista.[42] Desde sua estreia no mercado fonográfico, a cantora esteve associada à imagem do que viria a ser a nova mulher da década de 1980.

---

[41] Gonçalves, Renato. "Tropicalismo transviado". In: *Questões LGBT e música brasileira ontem e hoje*.
[42] Gaio, Ana. "Marina. Uma mulher do seu tempo", revista *Desfile*, p. 45.

Pelo texto de apresentação elaborado pela equipe do especial *Mulher 80*, que trouxe as mulheres que compuseram a trilha sonora de *Malu Mulher*, da Rede Globo, Marina incorporaria os novos tempos:

> De tempos em tempos aparece um novo tipo de mulher. Ou pelo menos aparece uma mulher com um jeito novo de se vestir, de se expressar, de viver, de ser. São mulheres que trazem nelas a marca do novo, do que está mudando, da transformação. Marina é assim. Está começando, mas tem opiniões próprias, firmes, com personalidade.[43]

Na virada da década de 1970, a série *Malu Mulher* estava sintonizada com as transformações das representações e dos papéis das mulheres na sociedade brasileira. Pela primeira vez na televisão eram abordados assuntos como a separação (na época, ainda o "desquite"), a inserção da mulher no mercado de trabalho, o aborto, a violência doméstica e a homossexualidade feminina. O primeiro movimento de transformação do papel social da mulher incidia no conceito de família patriarcal: no episódio inaugural, Malu, uma profissional autônoma, pede o desquite e torna-se mãe solteira.

Havia na emancipação feminina um sentimento de retomada, uma sensação de recuperação do que foi perdido que, de certa forma, se fundia àquele espírito compartilhado no campo político com o fim da ditadura militar. São vários os sentidos de "Começar de novo" (Ivan Lins/Vitor Martins), música-tema da série *Malu Mulher* na voz de Simone: "Vai valer a pena/ Ter amanhecido/ Ter me rebelado/ Ter me debatido/ Ter me machu-

---

[43] *Mulher 80*. Direção de Daniel Filho. DVD.

cado/ Ter sobrevivido." A regravação e consequente atualização de "Solidão" (Dolores Duran) na abertura de Simples como fogo, primeiro disco de Marina, era simbólica: "As mulheres de hoje não se reprimem como nos tempos da Dolores. Não sou uma cantora de fossa nem sou de curtir o desespero. A mulher moderna quando está sozinha dá a volta por cima e vai à luta nos bares do Baixo Leblon", disse Marina para a revista Veja.[44]

Como um emblema feminista, a expressão "ir à luta" traduzia a movimentação das mulheres em busca de novos comportamentos. No início da década de 1980, a autoria feminina estava colocada em questão. Como percebeu Heloisa Buarque de Hollanda,[45] se as mulheres, nos anos 1970, brigaram por igualdade social e pela autonomia política, na década seguinte elas começaram a delinear, na arte e na produção cultural, por meio de suas diferenças e vivências, o que viria a ser o imaginário feminino. Enquanto a diretora Ana Carolina destacava-se com o longa-metragem Das tripas coração (1982), na poesia autoras como Ana Cristina Cesar, Maria Lúcia Alvim e Lúcia Villares abordavam a sexualidade e a complexa relação entre homens e mulheres. O que é ser senhora, menina e, ao mesmo tempo, mulher?, indagava Elis Regina na canção "Essa mulher", parceria de Ana Terra e Joyce; essa última compositora abriu seu disco de estreia, Feminina (1980), com a pergunta "Me diz, o que é feminina?".

No movimento feminista, os olhares pouco a pouco se multiplicam e ampliam a discussão. Caberiam várias frentes nessa

---

[44] Veja.
[45] Hollanda, Heloisa Buarque de. "A imaginação feminina no poder". In: Gaspari, Elio; Hollanda, Heloisa Buarque de; Ventura, Zuenir. Cultura em trânsito: Da repressão à abertura.

luta, desde a construção de uma feminilidade que estaria em "O lado quente do ser" (Marina Lima/Antonio Cicero), forjando a ideia de que a mulher, quando comparada ao homem, mostraria mais o que sente, até a desconstrução de papéis sociais impregnados nas noções de gênero, como denotou o comportamento punk da banda As Mercenárias, composta somente por musicistas mulheres, que, contra a performatividade que seria esperada de uma mulher, deliberadamente buscavam uma performance oposta à do sistema de opressão que ditaria as normativas do que deveria ser a beleza feminina — o que, em 1990, seria discutido pela feminista Naomi Wolf em *O mito da beleza*.

Episódios de machismo e feminicídio pontuaram as desigualdades sociais entre homens e mulheres, que se mantêm até os dias atuais. Em 1980, Fátima Guedes interpreta na canção "Mais uma boca" (Fátima Guedes) uma personagem que adentra um bar em busca de um pai ausente, denunciando a omissão e o abandono parental comuns na cultura brasileira. Pouco tempo depois, em junho de 1985, a morte de Mônica Granuzzo causa comoção e revolta popular, fomentando a discussão jurídica acerca da cultura do feminicídio no Brasil. A estudante de 14 anos, que caiu do sétimo andar de um prédio no Rio de Janeiro após sofrer uma tentativa de estupro feita pelo ex-modelo Ricardo Peixoto Sampaio, foi motivo da composição "Mônica", gravada no disco *Eu desatino!* (1985), de Angela Ro Ro: "Sendo gente bem ou marginal/ Quem fere uma irmã tem seu final." No ano seguinte, a morte de Denise Benoliel, sequestrada e violentada por dois porteiros do prédio em que morava, pressiona ainda mais pela inclusão de pautas feministas no Legislativo, até hoje raras.

Como a mulher deveria lidar com a sua nova posição? Nas canções de Marina, a mudança comportamental, com as promessas de maior liberdade e emancipação, não significou necessariamente a resolução completa dos afetos e das angústias inerentes à condição humana. Em "Transas de amor (os sonhos de quem ama)", de seu LP de estreia, a liberdade sexual não exclui o amor, ao contrário, ela torna a questão ainda mais complexa: "Os sonhos de quem ama/ não cabem só na cama/ Ninguém transa só por transar/ Não é que eu faça drama/ Mas não quero que alguém/ fique com mágoas pra guardar." Em "Rastros de luz" (Marina Lima), do LP *Olhos felizes* (1980), o eu lírico caindo no mundo "de cama em cama, bar em bar" alerta para que não se enganem pensando que ela não sabe mais amar.

Na balada romântica "Mesmo se o vento levou" (Marina Lima/Antonio Cicero), segunda faixa do lado B de *Fullgás*, embora não se lamente romanticamente sobre uma desilusão amorosa, ainda há o luto da perda. O eu lírico feminino da canção reconhece que "não foi desta vez" que acertou, mas, ao mesmo tempo, assume que "gostou demais" de amar. "Noites..." e "os beijos..." ficam marcados na memória, mas sem mágoa, pois às vezes vale a pena perder o objeto de amor "pra poder depois guardar". Trata-se de um posicionamento ambíguo, em que há tanto a melancolia da perda quanto a compreensão libertária da mobilidade dos afetos em uma vida amorosa livre, posição outrora permitida aos homens e malvista por uma sociedade conservadora quando ocupada pelas mulheres.

A possibilidade de as mulheres falarem mais livremente da própria sexualidade, devido à abertura política e comportamental da época, levou Marina a abrir o disco *Todas*, lançado em 1985, com a afirmação "sexo é bom", da canção "Difícil" (Marina Lima/Antonio Cicero). O erotismo pelo olhar feminino foi ganhando espaço na cultura, construindo uma via paralela ao erotismo construído predominantemente do ponto de vista masculino. Desse modo, na música popular, Tetê Espíndola, com seu canto animístico e pagão, goza de prazeres em uma queda-d'água na canção "Longos prazeres de amor" (Celito Espíndola). Rita Lee, no disco que marcaria sua estreia no pop nacional, *Rita Lee* (1979), imagina loucuras em "Mania de você" e, no disco seguinte, é imperativa: "Rasgue minha roupa/ Mas por favor não dê beliscão", em "Bem-me-quer" (Rita Lee/ Roberto de Carvalho).

Diferentemente do tratamento que o rock nacional, estandarte de grande parte das transformações em desenvolvimento, dará ao sexo, a abordagem de Marina a respeito da sexualidade é natural, ou melhor, naturalizada e relacionada diretamente com as expressões subjetivas do desejo. Enquanto a banda Blitz tratava como anedota a frigidez de uma mulher, em "Betty frígida" (Antônio Pedro/Patrícia Travassos/Ricardo Barreto/Evandro Mesquita), e o eu lírico de "Sônia" (B. Hebb/Leo Jaime/Leandro), de Leo Jaime, debochadamente se declarava à amada revelando-lhe que se masturbava em homenagem a ela, Marina exploraria a sexualidade a partir da linguagem erótica em sua forma mais sutil e menos debochada.

Ao sugerir e insinuar, mostrar e ocultar, abandonar e reencontrar um objeto de desejo, o eu lírico de "Pra sempre e mais um dia", terceira faixa do lado A de *Fullgás*, condensa o erotismo em Marina. Sem nunca delimitar quem seria esse amor, que a ele traz "tanto romance, tanta graça e pornô", o eu lírico descreve os momentos de encontro e envolve a relação de uma aura de mistério ("existe alguém"). Seu objeto de desejo possui a exclusividade de fazer o que "ninguém no mundo" faz, apontando para antíteses que estruturam seu relato e a associação de completude com presença e incompletude com ausência: "alguém" e "ninguém"; "fala muito" e "nunca fala demais", "qualquer lugar" e "nossa ilha". Há a deleitosa descrição de um jogo de olhares, presenças e afetos que se confidencia ao ouvinte. O arranjo corrobora os sentidos da composição ao alternar momentos soturnos, nos quais predomina a cama sonora composta por *pads*, baixo e violão de aço, e compassos eufóricos, em que há a marcação de uma bateria eletrônica.

Em contraste com as demais compositoras que passavam a pornografar o amor, como fizeram Rita Lee e Fátima Guedes, as extensões da sexualidade em Marina iriam muito além da construção erótica heteronormativa,[46] isto é, daquela estabelecida entre o par homem-mulher, explorando possibilidades da homossexualidade e da bissexualidade. Subvertendo, ou até mesmo ignorando a trama normativa da heterossexualidade, os compositores miram a soberania do desejo a despeito de qualquer identidade de gênero. Ao compor com Marina, Antonio Cicero fantasia: "A mulher em mim é sempre uma fantasia livre. E eu acho que é na verdade também uma forma de escapar dos papéis socialmente determinados e tradicionais de homem e mulher."[47]

A liberdade de escolha do objeto de desejo já era um aspecto presente desde a estreia de Marina. Em 1980, no mesmo disco da bissexual "Corações a mil" (Gilberto Gil), a canção "Olhos felizes" (Marina Lima/Antonio Cicero) celebra quanto "gente bonita" poderia atiçar "a vida do coração", sem que hou-

---

[46] O conceito de heteronormatividade é desenvolvido por Judith Butler em *Problemas de gênero. Feminismo e subversão da identidade*.
[47] Dantas, Marcelo. "O anonimato também pode ser um 'barato'". In: Nogueira, Arthur (org.), *Antonio Cicero*, p. 30.

vesse uma determinação prévia de gênero. No LP seguinte, *Certos acordes* (1981), o eu lírico feminino de "Quem é esse rapaz?" (Marina Lima/Antonio Cicero) descreve um homem que tem "algo perto, longe, gay" e explicita o desejo de "prová-lo quente e saboroso", ampliando a rígida masculinidade que, na mesma década, também começaria a ser repensada em algumas peças da moda masculina por grifes internacionais como Armani, Calvin Klein e Ralph Lauren.

A performance em "Mesmo que seja eu", faixa que encerra o lado B de *Fullgás*, é um dos momentos-chave da subversão da heteronormatividade. Lançada originalmente por um de seus autores, Erasmo Carlos, em 1982, a canção traz um eu lírico masculino que, nos moldes da persona rebelde da Jovem Guarda, flerta com uma garota. Buscando salvá-la do castelo que ela mesma construiu, esse eu lírico desconstrói a narrativa de conto de fadas da espera pelo príncipe encantado e se oferece em seu lugar, mesmo admitindo não ser o melhor pretendente.

> Sei que você fez os seus castelos
> E sonhou ser salva do dragão
> Desilusão, meu bem
> Quando acordou, estava sem ninguém

Ao gravar a canção, Marina subverte tal imagem, transformando-a em uma declaração de amor entre duas mulheres. Os versos "você precisa de um homem/ Pra chamar de seu/ Mesmo que esse homem seja eu" ganham outros sentidos: essa posição do homem, historicamente construída ao redor das ideias de masculinidade, proteção e virilidade, agora poderia ser ocupada por uma mulher.

Na performance ao vivo de "Mesmo que seja eu", em turnê registrada no documentário *Sexo é bom!*, Marina faz uma pausa dramática antes dos versos finais que arrematam a cantada e intensifica os sentidos homoeróticos da sua interpretação. Antes de completar a frase "você precisa de um homem pra chamar de seu...", a banda para de tocar, a cantora olha a plateia, faz um gesto de procura e provoca a audiência: "Hoje eu vou escolher direito, porque eu não tenho escolhido direito." Caminhando pelo palco, sem deixar de olhar o público por um só momento, fita alguns rostos, brinca, hesita e logo chega à conclusão de que lá não havia nenhum homem que lhe interessasse. "Que absurdo!" Voltando ao centro do palco, afirma: "Quem procura acha, quem acha vive se perdendo", e, levantando o braço, "Então, eu! Um homem pra chamar de seu!". A banda volta a tocar e os versos finais são repetidos até Marina sair de cena.

O discurso homoerótico ficaria ainda mais evidente em "Difícil" (Marina Lima/Antonio Cicero), canção que abre o LP seguinte a *Fullgás*.

> Eu disse não
> Ela não ouvia
> Mandei um sim
> Logo serviu
> Então pensei: ela é bela
> Por que não com ela?

Estruturada como se reproduzisse a ebriedade de um enamoramento, a canção é construída a partir do revezamento entre um eu lírico que expressa seus afetos e pensamentos ("nem quero pensar quando a picada vem"), uma narradora que relata um acontecimento passado ("eu disse não, ela não ouvia") e uma personagem que desenvolve suas falas em um tempo presente ("por que não com ela?"). A paquera entre duas mulheres é permeada por códigos, hesitações e desencontros que precedem o ato sexual e acaba por reforçar os princípios do erotismo, uma relação que oscila entre ver e ser visto, mostrar-se e ocultar-se, dar-se e receber. Apesar de o estranho ir e vir em "Difícil", entre a possibilidade de felicidade no amor e a experiência passada de dissabor, há um pensamento lógico que se inicia com uma tese ("ela é bela"), passa por uma antítese ("eu tenho esse vício de gente difícil no amor") e chega à síntese e à conclusão de que "sexo é bom".

---

Vale dizer que a posição do eu lírico de "Difícil" se confunde com a imagem pública de Marina, que sempre se declarou aberta às múltiplas possibilidades afetivas: "É preciso dar vazão aos seus desejos, quaisquer que sejam. [...] Cada pessoa tem um jeito de transar, um jeito de amar."[48] "Todo mundo tem os dois elementos, uma coisa homo e uma coisa hétero. Os que conseguem trafegar nesses dois caminhos são felizes, porque vivem as duas fantasias", acrescentou posteriormente.[49]

Embora Marina subvertesse a heteronormatividade, um ponto crucial para o feminismo, sua persona sempre foi construída a partir de uma feminilidade sedutora, o oposto ao que parte

---

[48] Mello, Luiz Antonio. "Marina. 'Raízes, raízes, eu odeio isso!'", *Jornal do Brasil*, p. 4.
[49] Dávila, Sérgio. "Muito prazer, senhora Marina", *Revista da Folha*, p. 10.

das feministas de sua época pregariam. Em determinado momento do citado documentário, Antonio Cicero, em voz *off*, reconta uma passagem de *Odisseia*, de Homero, na qual Ulisses se prepara para resistir ao canto sedutor das sereias em alto-mar. Por meio de uma operação associativa entre discurso e imagem, no documentário, o que se narra está ligado a imagens de Marina no palco. A cantora interrompe a narração para concordar: "Eu acho esse conto da sereia a coisa mais certa. Você gosta de seduzir? Gosto. Mas eu gosto muito mais de ser seduzida. Na verdade, eu quero ser pega. Eu quero que alguém me fale assim: pare com essa frescura!"[50]

Em sua performance, a sedução se traduz pela presença de palco, que ora provoca a audiência, ora dela se afasta, e também pela passionalização das sílabas finais das frases e pela emissão vocal que, a partir de *Fullgás*, vai se estabelecendo mais na região da voz de cabeça em detrimento do registro de peito, tornando a voz mais suave — recursos que a cantora Sade Abu, surgida naquele ano de 1984, também exploraria. Desde a estreia de Marina até 1982, sua dicção tomava emprestadas a estridência do rock de Gal Costa e a performance cênica dos tropicalistas e as misturava à linguagem interpretativa norte-americana do blues, com suas interjeições lamentosas. A partir de *Fullgás*, ganhou os sentidos de leveza com os registros de cabeça, estruturando a "voz quente" que, mais tarde, Guilherme Arantes destacaria na canção "Marina no ar", de 1987, em homenagem à cantora.

Em "Veneno" (Nelson Motta/Polacci), quarta faixa do lado B de *Fullgás*, os efeitos de sentido do canto apontam para o

---

[50] *Sexo é bom!*. Direção de Valéria Burgos. VHS.

encantamento do ouvinte. Nos seios e nos lábios do eu lírico da canção reside todo o veneno que seu observador "ama e quer", mas o desejo tem seu preço: assim como o canto da sereia que entorpece os marinheiros, esse veneno inebria "todos os sentidos" e pode até levar à morte.

"Veneno" originalmente foi destinada a Gal Costa, como comentou Nelson Motta, compositor da versão em português: "[Veleno] Era uma música famosa na Itália. Aí achei uma gravação e fiz uma letra em português para Gal Costa. Ela gostou, mas tinha uma letra pervertida, 'esses seios têm todo o veneno', e a Gal falou que não tinha coragem de cantar aquilo. Mostrei para a Marina e ela gravou."[51] Na posição de sereia, Marina assume a postura daquela que conhece e usa seus artifícios, mostrando-se uma performer que faz uso de instrumentos interpretativos para unir forma e conteúdo da canção.

---

O canto e a performance de Marina, imbricados com as novas representações libertárias do que é ser mulher na década de 1980, abriam um longo filão para as cantoras que viriam em seguida. Do ponto de vista da trajetória do canto na música popular, a pesquisadora Regina Machado destaca o pioneirismo em sua proposta interpretativa: "Com respeito a Marina Lima, cuja expressão vocal mesclava elementos da fala e uma abordagem pop, pode-se considerar que ela tenha levado sua dicção autoral

---

[51] Brayan, Guilherme; Villari, Vincent. *Teletema: A história da música popular através da teledramaturgia brasileira*, vol. I, 1964 a 1989, p. 404.

também para o universo interpretativo, tornando-se, por sua conduta vocal e performance cênica, modelo para a geração de Cássia Eller e Zélia Duncan, por exemplo."[52]

Embora a música brasileira venha sendo um espaço majoritariamente ocupado por cantoras, eram poucas as que compunham. Interpretando letras feitas por homens, elas muitas vezes davam voz a discursos que não eram seus, ainda que se apropriassem das canções de forma autoral. Poderíamos dizer que os homens, em muitos momentos da história da música, construíram a feminilidade em busca de uma alma feminina, como se ela fosse única, universal e totalizante. Agora, compositoras na música popular, como Marina, buscavam abordar a condição feminina à luz de novas questões, como o feminismo, a sexualidade e as faces da mulher "da era do rock, do computador e da pílula anticoncepcional",[53] como foi descrito o contexto que marcaria o romantismo em *Fullgás*.

Além de ser intérprete e compositora desde a sua estreia, Marina pouco a pouco se firmava como instrumentista e arranjadora. Havia poucas que assumiam essas posições até então, como Rosinha de Valença, Rita Lee e Cátia de França. Embora só passasse a assinar a produção e a direção musical de seus discos a partir do terceiro LP, *Certos acordes* (1981), Marina já tocava violão em quase todas as faixas do disco de estreia e do seguinte, *Olhos felizes* (1980). A partir de *Fullgás*, ao lado do violão, a guitarra figurará como um dos principais

---

[52] Machado, Regina. "Da intenção ao gesto interpretativo: Análise semiótica do canto popular brasileiro".

[53] "A nova romântica. Com doces baladas e guitarras em punho, Marina impõe o padrão da nova cantora brasileira", *Veja*, p. 122.

instrumentos, com a qual Marina estampa a capa do LP *Todas ao vivo* (1986).

Sobretudo depois de *Fullgás* é possível identificar uma profissionalização da performance de Marina, misturando-se voz, imagem e interpretação, atraindo "todos os sentidos" da audiência. A *mise en scène* de gênero e de sexualidade, apontando para a construção de uma personalidade própria à cantora, é uma das facetas da linguagem pop, voltada para o consumo.

# 5. O pop como procedimento dos novos tempos

À ocasião do lançamento de *Like a virgin*, em 1984, a cantora, compositora e performer estadunidense Madonna comentou:

> A minha definição para a minha música é de algo fresco e que reflete o nosso tempo, a política, a moda, a energia. Algo novo. Algo que é condizente com o que está acontecendo no mundo hoje. Muitas pessoas pensavam que eu fosse uma artista negra antes de assistirem aos meus vídeos, porque muito da minha música é mais orientada pelo R&B. Eu me considero uma mulher branca que faz música R&B que é tocada em estações de rádio pop. Esse é o tipo de música que eu faço, que realmente muda a ideia das pessoas que classificam música.[54]

Difundidos por um sistema midiático que unia televisão, rádio, revistas, jornal, fitas VHS e discos, na década de 1980, artistas internacionais despontavam como grandes *pop stars*, rótulo que surge para classificar cantores de projeção massiva que, se não era novidade — uma vez que os Beatles, além de

---

[54] Entrevista disponível no programa *MTV News — Raw, The Early Years*. Tradução livre do autor.

outras bandas e outros artistas, já haviam alcançado tal patamar na década de 1960 —, ao menos revelava um amadurecimento das relações entre gravadoras e demais aparelhos midiáticos, institucionalizando a categoria pop no mercado musical. Frutos da grande indústria e voltados para o consumo, tais artistas pop pareciam feitos à imagem e semelhança das mudanças trazidas pela globalização do mundo, da tecnologia e das mídias, representando o que viriam a ser os "novos tempos".

Como pano de fundo para esse ideário, o desenvolvimento das discussões de mídia e consumo traçava um panorama complexo entre os meios de comunicação, públicos em massa e intercâmbios globais de informações. As previsões de integração entre massas e mídias, propostas pelo filósofo Marshall McLuhan, cuja teoria da comunicação começou a ser lida e discutida em solo brasileiro no fim da década de 1960, acabam se cumprindo a partir das novas tecnologias. A adesão massiva aos aparelhos pessoais de reprodução de fita cassete e VHS, além dos avanços das telecomunicações no Brasil e no mundo, o que Renato Ortiz já começava a mapear em *A moderna tradição brasileira* (1988) e levou o geógrafo Milton Santos a formular a ideia de meio técnico-científico-informacional, tornava complexa a leitura do homem em relação ao seu tempo-espaço.

Com *Fullgás*, Marina começava a assumir e alcançar deliberadamente uma posição pop no cenário brasileiro, como avaliou a cantora ainda naquela década:

> Pop é mistura. Pop é cultura contemporânea. E quando você faz alguma coisa bonita, você está sendo inovador de alguma maneira. [...] O que me interessa é o fato de que não existia uma música pop no Brasil. Ou era rock, rock; ou era brega, brega. Eu

me proponho a misturar tudo isso e fazer música pop no Brasil. Hoje existe uma música pop brasileira. Na questão musical, nós estamos à altura do mundo.[55]

O pop parecia uma resposta natural aos anseios expostos no *Manifesto Fullgás*. A música sem paredes, teto, cerca ou fronteiras, desejada por Marina e Cicero, ia ao encontro do pop que desenraizava qualquer referência local — como Madonna havia descrito na apropriação e na mistura étnica do R&B e do pop —, enquanto o suposto atraso da cultura brasileira em relação ao mundo seria aplacado pela sintonia com a produção pop, cuja aparente simplicidade musical encontrava eco na formulação estética pop que utiliza a retórica do discurso publicitário. A revolução comportamental que pautaria a transformação política em Marina estava estampada nos magistrais passos de dança de Michael Jackson, no erotismo de Madonna em "Like a virgin" e no desacato de Cindy Lauper ao dizer que "Girls just wanna have fun".

Embora se possa classificar o pop como um gênero musical, é difícil falar em procedimentos e bases próprios, pois sua proposta estética se altera de acordo com as configurações do mercado da época. Seria mais interessante pensar o pop como um filão mercadológico, cuja classificação está atrelada aos investimentos de gravadoras, imprensa, emissoras de televisão e rádio, entre outros meios de comunicação que configuram o *star system*, isto é, o sistema voltado para a criação e a circulação de figuras atraentes ao consumo massivo. Nessa perspectiva, a música pop se volta para o consumo rápido, imediato e reiterado, sem necessariamente se filiar a qualquer movimento

---

[55] "Marina. Longe das sombras", revista *Bizz*, pp. 34-5.

histórico ou étnico-social, embaralhando raízes e misturando referências.

A mistura do pop em Marina se delineia já na escolha do repertório de *Fullgás*. A declamação de um poema de Antonio Cicero ("Cicero e Marina"), uma versão em português de uma canção italiana ("Veneno"), outra de uma composição de Stevie Wonder da década de 1970 ("Pé na tábua"), um rock no estilo da Jovem Guarda de Erasmo Carlos e Roberto Carlos ("Mesmo que seja eu"), um rock oitentista de Lobão ("Me chama"), outro de Lulu Santos e Nelson Motta ("Mais uma vez"), além de canções autorais (todas as demais): *Fullgás* é eclético na medida em que amalgama referências distintas, borra as fronteiras entre gêneros musicais e encontra sua identidade na diversidade de estilos. O procedimento de seleção das canções passa antes pelo potencial estético e interpretativo de tais obras do que pelo seu peso simbólico dentro ou fora do sistema da Música Popular Brasileira. Interessava a Marina a beleza das canções que corriam "entre o que é chique e o que é vulgar".[56]

Com sua proposta pop, Marina ocupou um lugar difuso no mercado fonográfico brasileiro, não sendo claramente catalogada nem na prateleira comercial da MPB nem na destinada ao rock nacional, o que lhe permitiu maior trânsito entre os polos da música popular daquele momento e o diálogo com ambos. A cantora chegou a apresentar "Fullgás" tanto no especial *Chico & Caetano*, programa musical conduzido por Chico Buarque e Caetano Veloso na TV Globo, voltado para a MPB, segmento de grande prestígio, quanto no *Cassino do Chacrinha*, de forte

---

[56] Idem, ibidem.

apelo popular, que fez parte da plataforma comercial de projeção de bandas e artistas do rock nacional dos anos 1980.[57]

Desde a estreia, a cantora foi apadrinhada por Caetano Veloso, que, além de colocá-la em shows de abertura, gravou com ela "Nosso estranho amor" (Caetano Veloso), primeiro grande sucesso de Marina, que figura no seu segundo LP, *Olhos felizes* (1980). Até *Fullgás*, ela já havia gravado canções de Gilberto Gil, Rita Lee, Roberto Carlos e Moraes Moreira, além de ter trabalhado com o produtor Mazzola (um dos mais profícuos produtores de seu tempo), o arranjador Lincoln Olivetti (cujos arranjos enquadrariam diversos hits pop do período) e a cantora Zizi Possi, que gravou "Pra sempre e mais um dia" um ano antes da interpretação de Marina. Na década de 1980, sua aproximação com o rock nacional se deu tanto pela gravação de seleções do repertório de artistas como Lobão, Renato Russo, Herbert Vianna, Paula Toller, Cazuza, Leo Jaime e Lulu Santos quanto pela presença de músicos da nova geração em suas bandas de acompanhamento em shows e discos.

---

Grande parte das faixas de *Fullgás* possui frases melódicas próprias para cada composição que, anunciadas já no início de cada canção, seriam repetidas integralmente ou em partes ao longo da minutagem da faixa. Nos segundos iniciais da canção, momento crucial para a retenção da atenção do ouvinte, a fim de impedir que ele pule a faixa no LP, mude de estação de rádio ou de emissora de televisão, tais excertos tornam-se assinaturas

---

[57] Alexandre, Ricardo. *Dias de luta*: O rock e o Brasil dos anos 80, pp. 209-11.

musicais em cada uma das canções. É exemplar a linha melódica desenhada no início de "Fullgás" pelo timbre eletrônico agudo que também vai surgindo, de forma fragmentada, ao longo das estrofes. No caso de "Mesmo que seja eu", quatro notas performadas pelo sintetizador Roland Juno-60, que surgem pela primeira vez no sexto segundo da faixa, marcam toda a canção e funcionam como assinatura sonora. Em certa medida, ao marcarem suas faixas, essas linhas melódicas operam como *jingles*, formato publicitário em áudio que se destina à memorização do ouvinte e promovem nele a sensação de "música grudada na cabeça".

Na linguagem pop, é preciso chegar ao ouvinte por todas as frentes. As canções de *Fullgás* posicionam o ouvinte de forma explícita e implícita em suas gravações, seja no diálogo direto em "Mesmo que seja eu" ("aumenta o rádio/ me dê a mão"), seja ou nos arranjos que crescem em determinados momentos e convocam o ouvinte à dança, como na gravação de "Me chama", cujo refrão "explode" deliberadamente com o uso de mais elementos musicais que as estrofes que o antecedem e sucedem.

Explorando o poder imaginativo do som, que convida o ouvinte a inventar cenas, reagir emocionalmente a estímulos musicais ou ser capturado por eles a ponto de dançar, Marina sintetizou sua atuação como performer em "Ensaios de amor" (Marina Lima/Ana Terra). Como se narrasse o processo de composição de uma nova canção, o eu lírico feminino projeta o objeto amado e começa a destrinçar "o timbre da sua voz", o "jogo de cena" e o "texto" armados para capturar o seu interesse. Em linhas gerais, essa é uma metacomposição, uma canção que nos apresenta a relação entre emissor e receptor, cantora e ouvinte, ensinando do que é feita uma canção pop. Curta, a letra é repetida sobre a batida da bateria eletrônica, que convida à dança, reforçando a reiteração como um recurso estilístico do gênero.

No processo de apropriação de canções de outros artistas para compor seu repertório, Marina realiza outra operação própria ao pop: a limpeza de versos em busca de estrofes e partes mais redondas, fáceis de serem consumidas, que vão direto ao assunto. Somente no disco *Fullgás*, a intérprete faz modificações em "Mesmo que seja eu" (Roberto Carlos/Erasmo Carlos), retirando os versos originais "Filosofia e poesia é o que dizia a minha vó/ Antes mal acompanhada do que só", e na versão livre de "Ordinary pain" (Stevie Wonder), "Pé na tábua" (Stevie Wonder/ Antonio Cicero/Sergio de Souza), exclui a segunda parte da canção, quando haveria uma mudança brusca na melodia e na cadência. Sem tal fragmento, que possui uma estrutura baseada em um improviso de soul, a canção fica ainda mais pop.

Semelhantes edições são realizadas ainda na gravação de "Emoções" (Roberto Carlos/Erasmo Carlos), "Preciso dizer que te amo" (Dé Palmeira/Cazuza/Bebel Gilberto) e "Dois elefantes" (Herbert Vianna), respectivamente nos LPs *Desta vida, desta arte* (1982), *Virgem* (1987) e *Próxima parada* (1989). Talvez o episódio mais expressivo dessa busca de Marina pela assertividade seja o fato anedótico de que, durante as gravações do LP *Virgem*, Marina levou Cazuza para gravar alguns vocais de "Preciso dizer que te amo", que na versão final do fonograma acabaram sendo limados por opção da cantora, pois o cantor insistia em interpretar uma parte C originalmente presente em sua composição: "Eu já não sei se eu tô misturando/ Eu perco o sono/ Lembrando em cada riso teu/ Qualquer bandeira/ Fechando e abrindo a geladeira a noite inteira."

Outro gesto interpretativo do pop em Marina é a adaptação à linguagem corriqueira. Por sugestão da irmã, Antonio Cicero chegou a renunciar à rima dos versos de "Charme do mundo", que originalmente seriam "Acho que o mundo faz charme/ E que ele sabe como encantar-me" para deixar o texto mais próximo da fala ("Acho que o mundo faz charme/ E que ele sabe como encantar"). Na comparação do encarte com as letras e os fonogramas é interessante notar as adaptações da cantora para simplificar versos ou dar a eles um tom informal. Isso fica evidente na primeira faixa do lado B de *Fullgás*, "Me chama" (Lobão), com um erro gramatical deliberado que aponta para a coloquialidade do pop: "Aonde está você?", em vez de "Onde está você?".

No disco de 1984, é possível localizar diversas marcas dessa espontaneidade que se objetiva no pop. O uso de interjeições, como em "Ensaios de amor" ("Sei até de cor,/ *ah!*, de bom só pra melhor") e "Pé na tábua" ("Arranque o freio, *hm/* e pé na tábua"), aponta para a função emotiva da linguagem, dando expressão ao sentimento daquele que fala, comum no contexto informal. A anáfora, figura de linguagem que consiste na repetição de termos para o reforço da mensagem, é presente em "Pra sempre e mais um dia" ("Eu, eu vou querer...") e "Fullgás" ("Não, nada... nada de mau nos alcança"). E a informalidade também se revela nos registros de improvisação da cantora, como na emulação da sensação de refrescância após a ingestão de um refrigerante gaseificado que encerra os vocais de "Fullgás".

Para além das matrizes sonora e verbal (música e letra), com o pop a imagem e a performance passam a ser centrais no material a ser comercializado e consumido. Se quisermos analisar a obra de Marina, portanto, devemos atentar para as dimensões que extrapolam o fonograma.

Na perspectiva comercial, o figurino, o cabelo, o posicionamento da cantora frente às câmeras, entre outros aspectos performativos, produzem muitos sentidos. A regata atlética que usa na capa de *Fullgás* dialoga com a modernidade oitentista, enquanto o corte de cabelo na foto de capa desse LP e na do anterior aponta para uma androginia que marcaria a moda feminina do período. Esquivar-se das câmeras, o posicionamento de não enfrentamento com o espectador, o desvio do olhar (como em *Fullgás*) ou o abuso de óculos escuros Ray-Ban nos LPs *Todas* (1985) e *Todas ao vivo* (1986) deram um ar *cool* a Marina, o que a destacava, por contraste, do colorido e exuberante cenário de expressões da década. O culto à personalidade, que já havia sido antecipado pelo norte-americano Andy Warhol, consolida-se com a música pop.

Diferentemente de seus contemporâneos da Vanguarda Paulistana, como Itamar Assumpção, Arrigo Barnabé e Tetê Espíndola, que encontravam na produção independente um meio para viabilizar a criação de uma nova música, Marina dialogou com os grandes meios de produção discográfica e midiática para, por meio deles, imprimir traços de autoria em suas canções, interpretações e performances, compreendendo os meandros de produção e circulação de sentido e usando-os deliberadamente para a construção de uma carreira única no mercado e na trajetória da música brasileira. A criação da editora e do escritório de agenciamento artístico Fullgás, a partir do qual Marina passou a negociar sua obra com gravadoras, representa o alto grau de profissionalização que ela alcançou a partir de *Fullgás* e o controle da própria obra, temas caros a artistas que desejassem ter relativa autonomia e, ao mesmo tempo, atingir o grande público.

O disco *Fullgás* é um projeto ambicioso, que mostrava uma maturidade artística traduzida tanto nas canções e nos arranjos sofisticadamente pop quanto no visionário *Manifesto Fullgás* e apresentava um produto mercadologicamente completo. Chegou até mesmo a ganhar um logotipo, o que é uma "chave de acesso imediato ao universo representativo"[58] de uma marca; este foi criado por Jorge Vianna e, além de estampar a capa do LP, fez parte do cenário do show. Composto em uma tipografia moderna e estilizada especialmente para o projeto, o nome do disco está em itálico, reforçando-se os sentidos de rapidez, como se a palavra passasse rapidamente pelo olhar do espectador. Em um movimento ascendente, o logotipo ainda conta com a ilusão de profundidade, estabelecida pelo jogo entre as letras cinza e um leve filete rosa que as acompanha. Embora sutil, tal recurso aponta para uma sofisticação própria à linguagem gráfica do momento, fazendo com que a expressão *fullgás* se destaque como em um letreiro de neon.

Desde a seleção do repertório até a criação do título, todas as partes visam a um sucesso pop, que foi de fato alcançado, se levarmos em conta não apenas a vendagem de discos (que o elevou à categoria de disco de platina), mas também quanto ele ressoa no tempo, na história e na memória afetiva de seus ouvintes.

---

[58] Perez, Clotilde. *Signos da marca: Expressividade e sensorialidade*, p. 55.

# 6. O gás e o fugaz:
## os sentidos de "Fullgás"

Apesar da conturbação da realidade política no início da década, a euforia era uma das principais marcas dos novos tempos, que, se ainda não se revelavam, pelo menos eram ansiados. Alinhavada pelos discursos do consumo, a "festa da democracia" — rótulo que denominaria o período de redemocratização — apontava para a chegada de um futuro próximo, com traços que o assemelhavam ao imaginário futurista feito de computadores, chips e componentes eletrônicos. Rumo a um novo milênio, o salto da humanidade viria da ciência e da tecnologia.

Enquanto a indústria japonesa desbravava o mercado internacional com a comercialização em massa de sintetizadores e teclados, a linguagem eletrônica ganhava espaço na música popular. Se no início ela muitas vezes criava, de forma experimental, cenários sonoros distópicos, artificiais, como as vozes robóticas e os ruídos de aparelhos eletrônicos de toda sorte presentes em *Trans-Europe Express* (1977), do pioneiro grupo alemão Kraftwerk, com o tempo ela foi sendo incorporada na linguagem pop, tornando-se uma metáfora para os novos tempos atravessados pela tecnologia.

Explorando novas sonoridades em um Casiotone, um dos sintetizadores da Casio mais comercializados à época e que ajudaria a popularizar os timbres eletrônicos, Marina Lima programou uma bateria eletrônica e começou a esboçar a melodia e a harmonia de "Fullgás". A canção, letrada com Antonio Cicero, logo se tornou um porta-estandarte do período.

"Fullgás", à primeira leitura, é uma canção de amor. Um eu lírico se destina a um objeto de desejo, declarando-se totalmente íntimo e dependente. À mínima suposição de sua ausência, o mundo se vê estranho e imaginam-se noites de frio; a esse objeto de desejo são atribuídos os sentidos de plenitude e felicidade: é ele quem faz o mundo do eu lírico, é ele quem lança tudo que há, "música, letra e dança", e é com ele que se faz "tudo de lindo".

Arrematada pelo baixo de Liminha, inspirado em "Billie Jean" (1982), de Michael Jackson, e pela produção de João Araújo, que dominava os timbres eletrônicos, "Fullgás" é uma perfeita canção pop, de enquadramento radiofônico e êxito comercial. Seu potencial pop justifica o fato de a composição e a gravação serem, entre as já lançadas por Marina, executadas nos segmentos de música ao vivo, rádio, festas e sonorização ambiental, segundo o Escritório Central de Arrecadação e Distribuição (Ecad). Devido ao sucesso de público, a canção foi regravada e/ou interpretada ao vivo por Caetano Veloso, Lulu Santos, Itamar Assumpção, Ivete Sangalo, Simone, Fernanda Abreu, Emílio Santiago, Fábio Júnior, Moreno Veloso, Qinhones — apenas para citar alguns dos nomes mais notórios, já que seria inviável listar todos os *covers* amadores da canção entre shows, saraus e vídeos no YouTube.

Os versos desse hit voltado para o consumo, além de trazerem rimas e outros recursos musicais, como a repetição de motes melódicos e séries harmônicas, são elaborados como slogans, formato publicitário de fácil memorização e entendimento, "um mínimo que nos fascina pelo máximo de comunicação que contém".[59] A construção "você me abre seus braços e a gente faz um país" carrega vários sentidos: do afetivo ao político, do individual ao coletivo. Pela multiplicidade de sentidos contidos, pode ser uma cantada ou estar num cartaz de manifestação.

Deliberadamente ou não, "Fullgás" faz uso da linguagem publicitária, sem que esse aspecto comercial desabone a criação artística. Àquela altura, até o fim da década de 1990, o Brasil vivia o apogeu da criatividade das narrativas de consumo, tendo suas campanhas premiadas em festivais mundiais de publicidade. No contexto das culturas de massa, sobretudo ao ter a televisão, a mídia impressa (jornais e revistas) e o rádio como os principais pontos de contato entre consumidores e enunciados publicitários, a publicidade se dedicou à criação de textos e imagens de grande potencial semântico, desenvolvendo ferramentas e estratégias que uniram síntese e polissemia, economia de meios e profusão de sentidos. Nesse quesito, a criatividade brasileira se aprimorou nas mãos de grandes profissionais da comunicação, sendo que muitos flertaram com a literatura e outras artes, como ocorreu com alguns redatores como Paulo Leminski, João Anzanello Carrascoza e Gisela Rao, que se dividiram entre o trabalho em agências de publicidade e o ofício literário.

A retórica do consumo, na canção "Fullgás", é construída a partir de recursos próprios da redação de publicidade: a enumeração, técnica que facilita a compreensão do receptor da mensagem, está em "música, letra e dança", "noites de frio, dia não há/

---

[59] Carrascoza, João Anzanello. *Redação publicitária*: *Estudos sobre a retórica do consumo*.

e um mundo estranho pra me segurar"; a função conativa, que reforça a centralidade do destinatário, aparece em imperativos ("então venha me dizer") e o uso do pronome pessoal "você", empregado em dez dos vinte versos da canção ("meu mundo você é quem faz", "você me abre seus braços"); a antítese, utilizada para estabelecer contrastes e salientar aspectos, se dá a ver na oposição entre "nada" e "tudo", que se desenvolverá ao longo de toda a canção; e, por fim, traços de um discurso deliberativo, gênero textual próprio aos anúncios publicitários, estão presentes na estruturação em preâmbulo, quando se busca chamar a atenção do destinatário ("meu mundo você é quem faz"), na narração, quando se apresentam os fatos ("só vou te contar um segredo"), nas provas, quando se aconselha uma ação futura ("então venha me dizer"), e na deliberação, que estabelece uma síntese a partir do que foi apresentado anteriormente ("você me abre seus braços/ e a gente faz um país").

Tais traços da redação publicitária podem ser encontrados em outras canções de Marina, principalmente aqueles que iniciam e finalizam suas letras. As composições usualmente iniciam com frases que despertam interesse, como as afirmações "as coisas não precisam de você" ("Virgem", de 1987) e "existe alguém pra quem eu sempre retorno" ("Pra sempre e mais um dia", 1984), e se encerram com sugestões de conduta futura, amarrando todo o discurso apresentado anteriormente: "agora descubra de verdade/ o que você ama/ que tudo pode ser seu" ("Pra começar", 1986); e "tudo que eu quero, sério/ é todo esse/ mistério" ("Charme do mundo", 1981). Assim como o título em um anúncio publicitário, esses versos prendem a atenção do ouvinte, que se interessa pelo que vem a seguir.

No ápice da inventividade, a palavra *fullgás* sintetiza os sentidos que atravessam o desejo de criação de um novo país.

Criada por Marina e Cicero no momento de composição da canção homônima, a expressão é a junção da palavra "fugaz" e do termo em inglês *full gas* e aponta para dois sentidos distintos que se somam na intenção de um terceiro.

*Fugaz*: adjetivo que denota aquilo que dura pouco, que é rápido, ligeiro, passageiro, transitório ou efêmero; é a qualidade da fugacidade, do instante e do presente; por oposição, é aquilo que não é lento ou que não é duradouro.

*Full gas*: expressão que, em tradução literal, significa "tanque cheio de combustível"; retirado de um contexto tecnológico das máquinas e, principalmente, da indústria automobilística, o termo denota aquilo que está completamente abastecido e, portanto, pronto para uma jornada longa; nos painéis dos carros, *full gas* indica que há muito combustível para ser queimado e gerar energia para movimentar o veículo.

*Fugaz* e *full gas*, rápido e intenso, veloz e cheio, efêmero e com grande potencial energético, a união de dois conceitos de tempo ("rápido") e modo ("intenso"), aponta para transformações intensas, profundas e explosivas e, ao mesmo tempo, fugazes, passageiras e efêmeras.

Tais sentidos foram articulados de forma clara na canção que encerra o disco. "Nosso estilo" (Lobão/Marina Lima/Antonio Cicero) é a mais acelerada do repertório, há nela um sentimento de urgência ("pra nós, o mundo tá lento demais"). Rejeitando o "antes" e o "depois", valoriza-se o momento presente ("é agora e aqui"), apostando na potência daqueles que rejeitam "a lei dos outros". Ao retomar a oposição aos "caretas", presente no *Manifesto Fullgás*, a canção ganha contorno de autodeclaração de uma geração cujo estilo "não tem nostalgia". No fim, como no manifesto, busca-se a adesão de novos integrantes ("vem, vem, vem"), como se a postura comportamental e estética exposta tivesse desdobramentos políticos quando mirava a transformação em nível coletivo.

A compreensão do termo *fullgás*, na prática, enfrenta algumas dificuldades. A primeira delas advém da necessidade de se perceber a polissemia da junção dos termos *fugaz* e *full gas*. Em segundo lugar, a junção das duas expressões não é perceptível quando a palavra é cantada ou falada, uma vez que há uma aproximação entre os fonemas. Por fim, o termo escrito parece trazer uma grafia equivocada de "fugaz", um erro comum justificado pelo fonema /fu/ parecer pedir naturalmente o acréscimo de um L. A palavra, no ato de composição da canção, surgiu quando Marina Lima, ao ver a palavra escrita, "fugaz", por Antonio Cicero, sugeriu essa brincadeira na grafia. *Fullgás*, desde então, se posiciona entre o equívoco ortográfico e o erro deliberado, sob os signos de estilização, ambição e originalidade.

---

Não há dúvida de que "Fullgás" se constrói a partir de uma perspectiva subjetiva; porém, à luz do processo político de transição democrática, os versos que arrematam a canção e são os únicos a serem repetidos e reforçados trilham uma direção política inequívoca: "você me abre seus braços/ e a gente faz um país". Itamar Assumpção, que em 1984 apresentou o show *Fugaz*, inspirado pela canção da dupla, escolheu a canção para abrir seu espetáculo, em um arranjo de apenas voz e baixo. Seu interesse advinha da leitura política que dela fazia:

> É isso que o Brasil está precisando. A gente quer fazer um país.
> Cada um na sua atividade. O Brasil todo quer fazer um novo

país. E isso é possível para todos. Só quem não demonstra essa dedicação ao original são os políticos. Na profissão que eles escolheram, eles não são tão criativos como nós, das outras áreas.[60]

Os sentidos de criação, invenção e construção permeiam o momento histórico de "feitura" de um país. Com o fim da ditadura, era preciso erguer a democracia tijolo por tijolo. A força popular, demonstrada pelas Diretas Já, em oposição à classe política de ocasião que dificultava o processo de transição democrática (o que ficou evidente quando foi barrada a Emenda Dante de Oliveira naquele ano, que tornaria possível a primeira eleição direta para presidente da República do período pós-ditadura), denunciava o descompasso entre os anseios incandescentes da sociedade brasileira e a morosidade do sistema político. Era preciso dar vazão a toda a libido represada pela ditadura e pelo autoritarismo. O impulso criativo era uma saída para os velhos modelos que ainda tentavam se perpetuar no poder.

Um Brasil *fullgás* viria a ser um país em constante mudança, em sintonia com o mundo, a par de todas as possibilidades de viver e fazer música, como explicitaram Marina e Cicero no manifesto homônimo. Veloz em suas transformações, ele incendeia o passado e admira o presente, o agora e o passageiro, e encontra no pop, gênero destinado ao intenso e efêmero consumo, sua melhor expressão. Sempre em movimento, segue em frente ao tentar formas de se construir um país, como fica evidente no discurso proferido por Marina antes de interpretar "Fullgás" no registro ao vivo do LP *Todas ao vivo* (1986): "Não existe caminho, viaduto, túnel, nenhum caminho direto que leve

---

[60] Serva, Leão. "Itamar Assumpção, a todo vapor", *Folha de S.Paulo*.

à plena realização de um país. Mas a gente tem que tentar. É preciso tentar. A gente vai ter que inventar o que nenhum outro país inventou. Nós vamos ter que voar, e vamos voar."[61]

Os tempos eram de incerteza, marcados pelo fim das grandes narrativas, como aquelas que ditavam o que era uma nação ou uma forma de atuação política. Com a pós-modernidade,[62] o multiculturalismo colocava o sujeito às voltas com a sua identidade, acarretando, concomitantemente, a angústia da indefinição, uma vez que se esfacelam as macrorrepresentações e a possibilidade de construção a partir do que está disponível, ao alcance. É nessa segunda consequência que "Fullgás" mira.

Com confiança, entusiasmo e ambição, um novo país seria possível, onde não caberiam mais "noites de frio" ou um "mundo estranho" e reinariam apenas a felicidade e "tudo de lindo que há". Até que ponto, porém, não haveria nesse lugar livre de qualquer dissabor a mesma edulcoração já presente no discurso liberal do consumo que se estabelece na década de 1980? Xuxa, que talvez seja um dos produtos midiáticos de maior êxito comercial do período, é a melhor representante do adocicamento da realidade promovido pela publicidade. Descendo de uma nave espacial todos os dias, a apresentadora criava, como a publicidade, um universo alheio à vida real, em que toda espécie de conflito ou desprazer estaria em suspenso — um mundo preferível e favorável, mas não totalmente factível ou real, como ensina o publicitário Oliviero Toscani,[63] traduzido no icônico comercial da linha de aquarelas da Fa-

---

[61] Lima, Marina. *Todas ao vivo*.
[62] Lyotard, Jean-François. *A condição pós-moderna*.
[63] Toscani, Oliviero. *A publicidade é um cadáver que nos sorri*.

ber-Castell veiculado em 1983. Ou então na maciez da poética visual de Leda Catunda, cujos trabalhos por vezes traziam tecidos aveludados e volumes acolchoados, ou ainda nos perfumes Giovanna Baby e Patchouli, cujas adocicadas fragrâncias eram sucesso de vendas.

No faz de conta do consumo, inclusive tempo e espaço ficam suspensos. O gelo seco, elemento cênico que se torna um dos principais artifícios nos shows da época, constrói uma espécie de não lugar ao borrar as definições de um espaço. Na produção musical, o equivalente ao não lugar é o emprego excessivo do *reverb* em timbres eletrônicos, como os *pads* que compõem a base da gravação de "Fullgás", criando uma camada soturna que desestabiliza qualquer orientação espacial.

Os aspectos barrocos da década de 1980 se voltaram também para a exacerbação de cores e formas. A partir do aprimoramento das técnicas de captação e registro audiovisual, as fitas VHS da multinacional alemã BASF se tornaram reconhecidas pela reprodução de imagens com fantásticas cores, ampliando a experiência de gravações caseiras. O colorido de "Lilás" (1984), de Djavan, gravação cuja sonoridade é similar àquela explorada em "Fullgás", com quem dividiu os primeiros lugares nas paradas de sucesso daquele ano, encontra paralelo nas pinturas de muitas cores da geração neopop formada por artistas plásticos como Beatriz Milhazes, Ciro Cozzolino e Luiz Zerbini. Na moda, os volumes das mangas de morcego, sustentadas por protuberantes ombreiras, acompanharam os desenvolvimentos de pigmentos neon que tingiriam tecidos sintéticos, como a amoldável fibra de elastano (comercialmente registrada como Lycra).

Fugacidade e intensidade: há uma nova percepção do tempo. Enquanto o instante se acelera, a experiência se intensifica. A excitação e a empolgação estavam impressas no corpo, como nas agitadas "I'm so excited" (1982), do grupo The Pointer Sisters, e "Maniac" (1982), de Michael Sembello, que fazem parte da trilha do filme *Flashdance*. Nessa mesma direção, e no ápice do processo de transição democrática, o andamento rítmico de "Fullgás" foi acelerado no registro do show *Todas ao vivo*, como se a euforia pudesse ser impressa na performance da canção.

Com a computação e a evolução das telecomunicações — em 1985 foi lançado o primeiro satélite doméstico a entrar em funcionamento no Brasil e na América Latina —, o tempo da vida humana se depara com o tempo da máquina, mais veloz e eficiente. A cultura hedonista dos exercícios aeróbicos, que nasceria nos Estados Unidos no fim da década de 1970, chegaria ao Brasil através de fitas VHS com videoaulas protagonizadas por Jane Fonda e fomentaria a abertura de academias de ginástica por todo o país. A regata leve e a bandana utilizadas por Marina na capa do disco apontam para dias de leveza e movimento.

Não se pode ficar parado. A fotografia de Affonso Beato que estampa a capa de *Fullgás* traz o busto da cantora borrado pelo movimento ascendente que ela faz com a cabeça. Os efeitos de luz e câmera que se fazem notar na capa traduzem a saturação promovida pelo excesso tecnológico e informacional. Chiados, imagens cruzadas e transmissões imagéticas que falham compõem a estética de um tempo em que a tecnologia é soberana.

"Nada de mau nos alcança." O sentimento de invencibilidade em "Fullgás" encontra paralelo na fantasia do consumo, para o qual não há limites. Para acompanhar a velocidade dos novos tempos e sustentar a ideia de invencibilidade, é preciso recorrer a ferramentas que suplementem a frágil condição humana. Com a promessa de sustentar tal fantasia, na década de 1980 o protagonismo seria da cocaína e do Prozac, compostos ativos que parecem ser insígnias de um tempo acelerado em que qualquer expressão da depressão ou da melancolia deveria ser aplacada ou remediada.

A primeira substância circulava desde meados dos anos 1970, mas foi na década posterior que ela se consolidou. Diferentemente da maconha e do LSD, substâncias psicoativas que são os símbolos do movimento de contracultura das décadas anteriores, a cocaína é uma droga de estimulação, proporcionando "imenso prazer, intensa euforia e sentimento de onipotência".[64] A segunda, essa comercializada de forma legal, foi rotulada como "a pílula da felicidade" e prometia constante e inabalável estado de animação. Não queremos com isso dizer que *Fullgás* tenha sido fruto de nenhuma dessas drogas, mas sim afirmar que o disco compartilhava o espírito de seu tempo, marcado por uma excitação irrefreável que atravessava subjetividades e coletividades.

Como toda substância ativa, o desejo *fullgás* foi intenso enquanto atuou no imaginário político e cultural, mas rapidamente se desfez como gás nos passos seguintes da redemocratização, com as manobras jurídicas, os percalços do destino e as correções de rota impostas pelos imprevistos. Consciente de sua efemeridade, a esperteza em *Fullgás* reside na percepção fugidia do tempo e na aposta ambiciosa de que o desejo, ainda que sozinho não baste, pode mover um país.

---

[64] Cunha, Paulo Jannuzzi. "Alterações neuropsicológicas em dependentes de cocaína".

# 7. E a gente fez um país?

As fulgurações de um país ainda surgiriam nos discos que se sucederam a *Fullgás* até o fim da década e representariam as oscilações e movimentações sociopolíticas do Brasil. Dos LPs *Todas* (1985) e *Todas ao vivo* (1986), no auge do processo de transição democrática, até *Próxima parada* (1989), lançado um ano após a promulgação da nova Constituição, passando por *Virgem* (1987), que apresentava as encruzilhadas da revolução comportamental, a linguagem pop de Marina expressou distintos sentimentos em relação às diversas questões que, ano após ano, despontavam no horizonte brasileiro.

Se *Todas* leva às últimas consequências as dimensões de política (com "Muda, Brasil", de versos como "Vê na minha cara/ mais de mil Brasis modernos"), revolução sexual (com a explicitamente homoerótica "Difícil") e pop (com as radiofônicas "Eu te amo você" e "Nada por mim"), seu registro ao vivo, *Todas ao vivo* apresentava "Pra começar" (Marina Lima/Antonio Cicero), canção que marcaria os primeiros momentos da experiência democrática no Brasil.

Composta em cima da levada eletrônica de "When doves cry" (1984), de Prince, a composição é iniciada sob o signo da quebra. A partir de uma pergunta para a qual já se sabe a resposta — "Pra começar/ quem vai colar/ os tais caquinhos do velho mundo?" —, expõe-se um cenário fragmentado. "Pátrias, famílias, religiões e preconceitos" são resquícios de um velho mundo que não encontram mais lugar no tempo presente. Confluindo para a representação de um mundo em dissolução estão as imagens de quebra e ruptura que sondaram o imaginário da indústria cultural em escala mundial desde, pelo menos, o filme *Pink Floyd — The wall* (1979) e que de forma igualmente espetacular encerrariam a década com a profusão internacional de imagens da quebra e queda do Muro de Berlim, em 1989.

"Pra começar" se estrutura partindo dos pedaços obsoletos de um "velho mundo". O *riff* inicial da canção, isto é, a progressão de notas tocadas pela guitarra na introdução, ressurge de forma fragmentada no desenvolvimento da gravação, reiterando os símbolos de remendos, cacos e estilhaços, mesmo recurso de arranjo posteriormente utilizado na gravação de "Ideologia" (Cazuza/Roberto Frejat), por Cazuza, em 1988: na introdução, a guitarra desenvolve uma linha melódica e, posteriormente, a fragmenta nos versos "meu partido/ é um coração partido/ e as ilusões/ estão todas perdidas", estabelecendo uma correspondência entre os sentidos do texto e do arranjo musical. Em vez de confrontar as estruturas sociais e culturais do "velho mundo", há antes um movimento de assimilação dos estilhaços, como se essa batalha já tivesse acontecido. As grandes narrativas, como aquelas de "pátria" e "religião", já estariam fragmentadas, superadas.

A pergunta inicial sobre "quem vai colar" fica no ar, sem resposta. De certo modo, o cenário inicial poderia ser interpretado como catastrófico, uma vez que não haveria mais sólidas representações para mediar a experiência do sujeito em sociedade. Não há pátria, não há família nem religião para se apoiar. A saída estaria em saber de verdade o que se ama. Para possuir o "mundo", é preciso que o sujeito descubra sua potência, aspecto comum à poética de Marina e Cicero.

Semelhante ideário, no qual o sujeito é o protagonista das mudanças, está na canção "Verde" (Eduardo Gudin/Costa Netto), interpretada por Leila Pinheiro em 1985. Declaradamente inspirada pelas Diretas Já, a composição fala de um sujeito que evoca e exprime seus sentimentos mais antagônicos ("do riso no fim de tanto sofrer"), não abandona suas crenças ("que eu não desisti/ das minhas bandeiras/ caminhos, trincheiras da noite") e expõe o que vê: "a visão da esperança", retomando um país "guardado no coração" que, repentinamente, "acende a cor".

As imagens e os discursos proferidos tanto em "Pra começar" quanto em "Verde", ainda que em canções de gêneros diferentes, trabalham com o imaginário de transformação, da mesma forma que a "revolução" esteve presente no discurso dos fãs da banda RPM. Retomando Guy Debord e sua filosofia baseada em uma sociedade mediada por imagens, cuja obra *A sociedade do espetáculo*[65] chegaria ao Brasil no fim da década de 1970, podemos pensar que tais imagens de potência não têm necessariamente qualquer finalidade real; não haveria a preocupação com uma ação efetiva ou prática, e sim uma construção que se dá no plano imaginário.

Nessa direção, o discurso de "Pra começar", desviando-se de qualquer viés político, coincide com a trama da novela *Roda de fogo*, de Lauro César Muniz e Marcílio Moraes, exibida entre 1986 e 1987 e que trouxe a canção como tema de abertura, assim como de seu protagonista. Renato Villar, vivido por Tarcí-

---

[65] Debord, Guy. *A sociedade do espetáculo*. Trad. Estela dos Santos Abreu. Rio de Janeiro: Contraponto, 1997.

sio Meira, descobre que vai morrer ("não tem mais jeito"), reavalia suas motivações e seus sentimentos ("descubra de verdade o que você ama") e ultrapassa todas as barreiras necessárias para conquistar o que deseja ("e o mundo pode ser seu").

Contudo, na mesma medida em que o sujeito era convocado ao protagonismo de sua história, as subjetividades entrariam em xeque no cenário pós-hiv/aids. Paralelamente à revolução sexual, a síndrome da imunodeficiência adquirida (aids), que no início foi erroneamente atribuída à homossexualidade, assombrava homens homossexuais e travestis, populações consideradas "de risco" e contra as quais aumentavam o preconceito e a discriminação social. A sexualidade sofria um golpe ao esbarrar em uma doença sobre a qual havia mais boatos e especulações alarmistas que informações e fatos científicos. Em meados da década, os primeiros casos de incidência do vírus em pessoas heterossexuais enterraram, ou pelo menos reformularam, definitivamente todos os avanços de costumes e expressões da sexualidade que haviam ocorrido em um espaço de tempo tão curto. Marina chegou a comentar a nova equação pós-hiv/aids: "Muita gente prega um retrocesso por causa da aids. Eu não. Liberdades conquistadas são liberdades conquistadas. Deve-se pensar a sexualidade com esse novo elemento, mas sem retorno."[66]

Era o momento de acertar as contas com o desejo. Desejar é colocar-se em risco diante de "olhos e armadilhas", como evidenciava "Virgem" (Marina Lima/Antonio Cicero), hit de Marina em 1987. Quais são as fronteiras entre o desejo, no qual há uma autonomia do sujeito, e a demanda, quando se responde ao desejo do Outro? O sujeito da década de 1980 é aquele

---

[66] Gaio, Ana. "Marina. Uma mulher do seu tempo", revista *Desfile*.

atravessado por questionamentos e incessantes ofertas do desejo, como Ledusha Spinardi, no poema "Eletricidade"[67] (1981), rascunha, em fluxo contínuo, os difusos percursos de um olhar por entre alto-falantes, vitrines, sons e sensações que tocam um corpo que cruza uma cidade.

O futuro próximo estava cercado de perguntas e demandava entendimento. "O certo é incerto/ o incerto é uma estrada reta", sintetizava "Pseudo-blues" (Nico Rezende/Jorge Salomão), que, na primeira faixa de *Virgem*, já apontava para os caminhos tortuosos que o Brasil pós-Constituinte tomaria: "Tem essa mágica/ O dia nasce todo dia/ Resta uma dúvida:/ O sol só vem de vez em quando."

O sentimento de potência do sujeito tinha prazo de validade. Em paralelo aos primeiros meses da experiência democrática, o rock, estandarte de uma nova geração, já em 1988 entrava em crise, um declínio que foi destaque na revista *Bizz*, até então importante publicação para a divulgação da cultura musical jovem no país. Os músicos convidados para o debate reclamavam da saturação mercadológica do gênero e do esvaziamento ideológico político, uma vez que a tão sonhada e clamada revolução política que fora seu tema teria se efetivado, mesmo que de forma diferente daquela desejada anteriormente. Talvez tenha sido Lobão quem melhor retratou a angústia do esvaziamento de desamparo político do rock em "Revanche" (Lobão), ainda em 1986: "Mas se tudo deu errado/ Quem é que vai pagar por isso?"

Há um outro traço que talvez justifique o esgotamento do gênero: se é verdade a visão romântica de que são os jovens que mobilizam as mudanças socioculturais, movidos pela rebel-

---

[67] Ledusha. *Finesse e fissura*. São Paulo: Brasiliense, 1984.

dia e pelo desejo de revolução, é igualmente correto dizer que tal potência cessará com o passar dos anos. A onipotência e a prepotência juvenil, formas de enfrentamento à tirania dos pais, vai dando lugar à conformação às estruturas e às renúncias que a vida adulta pede. A peça *Bailei na curva* (1983), de Júlio Conte, retrata bem esse momento de virada entre a década de 1970 e a de 1980: do sonho de ser revolucionário da juventude a uma vida adulta comum e banal.

O rock dos anos 1980 nasceu de uma classe média majoritariamente branca e entrou em crise com a mesma velocidade com que apareceu — o desgaste da imagem revolucionária do rock daquela década já estava declarado quando a revista *Bizz*, em fevereiro de 1988, gerou um debate em torno do possível fim do gênero como veículo político. No debate, entre outros nomes importantes para aquela cena, estavam no encontro promovido pela revista Herbert Vianna, Renato Russo, Nasi, Paulo Ricardo, Sandra Coutinho e Hermano Vianna, que discutiram os caminhos percorridos pelo gênero entre mercado, política e sociedade brasileira, chegando a um panorama de certa diluição da potência inicial do movimento.

Na segunda metade da década de 1980, os movimentos do hip-hop, do rap e do funk, fomentados nas periferias das grandes cidades e persistentes até os dias atuais, também abordariam a política, mas a partir de outro lugar de observação e de outra vivência: o ponto de vista da exclusão, das diferenças sociais e do racismo estrutural. O atual revisionismo da década de 1980 promovido pelos Racionais MC's no disco *Cores & valores* (2014), dando sequência à atitude contestadora e de crítica social que o pioneiro grupo de rap desenvolve desde sua estreia, no início da década de 1990, ao mirar os discursos legitimados no período deixa uma pergunta em aberto: "Quanto vale o show?" De que realidade política se tratava quando se falava de política àquela altura? Parafraseando a citada canção, na qual Mano Brown narra a sua adolescência, quem olhava pelos "moleques magros e fracos, invisíveis na esquina" em um país no qual "o preto vê mil chances de morrer"?

No fim da década, o Brasil compartilhava uma sensação de ressaca. A euforia pró-democracia deu lugar a um vazio pós-promulgação da Constituição de 1988. As sessões da Assembleia Constituinte, que tinham como objetivo elaborar um novo conjunto de regras democráticas, expuseram os diversos países que coexistem em um só país. No plenário, os constituintes oriundos dos 26 estados brasileiros derrubavam as representações universais e totalizantes, outrora valorizadas pelo ufanismo da ditadura militar, ao matizar o povo brasileiro a partir de suas diversas vivências e trajetórias pessoais, políticas e sociais.

No plano econômico, cada novo pacote anunciado pelo governo federal era seguido de fracasso. Com o congelamento dos preços liderado por José Sarney, no Plano Cruzado, os primeiros meses de 1986 foram de felicidade para os consumidores que retomavam o poder de compra, mas logo resultaram em um desabastecimento generalizado, levando a economia de volta à estaca zero.

*Próxima parada* (1989) é o disco que encerra a contribuição de Marina à compreensão do emaranhado sociopolítico da década de 1980 brasileira, e é considerado pela crítica um disco pessimista. Pela primeira vez, Marina não estava na capa; no lugar da artista, uma composição feita por fotografias de aviões, carros, estradas e avenidas e pela referência a um semáforo transitando do amarelo ("atenção") para o vermelho ("pare") aponta para o que o título já trazia: uma transição, um porvir, um prenúncio. Como um breve comentário, "$Cara"

(Marina Lima/Antonio Cicero), abre o disco expondo um Brasil envolto em névoas ("jamais foi tão escuro/ no país do futuro/ e da televisão").

Depois da construção de um país em "Fullgás" e do raiar de "Pra começar", as figuras do breu, do escuro, já postas no início da década em "Avenida Brasil", retornam. O Brasil, outrora "o país do futuro", agora é labiríntico e errante. O uso da expressão retirada do livro *Brasil, país do futuro* (1941), de Stefan Zweig, coloca em dúvida os destinos do sentimento ufanista que perdurou durante a ditadura varguista e a ditadura militar, mencionada acrescida à "televisão". O projeto nacionalista de unificação do território pela televisão, plano do governo militar incorporado pela Rede Globo desde a década de 1970, não dava conta das desigualdades reais de um país. Até mesmo o tempo exato não se sabe, algo que a canção que vem na sequência de "$Cara" traz de início: "Não sei se hoje é ontem ou anteontem" ("Dois elefantes", canção da banda Os Paralamas do Sucesso).

"$Cara", inclusive, traz um título tão enigmático quanto a percepção da realidade econômica do período. Entre 1986 e meados do ano de 1990, o Brasil mudou três vezes de moeda: cruzado (Cz$), cruzado novo (NCz$) e cruzeiro (Cr$). A sensação é de confusão e incerteza, que também é mote de "Que tudo amém" (Marina Lima), do mesmo disco: "O que era fácil ontem hoje não é." O breu, como metáfora da dificuldade em perceber com clareza o país, inicia e termina a canção.

A composição, estruturada como uma colagem, contrasta dados e informações e um sujeito e a sua paixão. Entre "sonhos e insônias", "ozônios e Amazônias", esse eu lírico está desamparado frente à incerteza e à mudança imanente, como se confrontasse um cenário de cacos. Como na capa de *Ideologia*

(1988), de Cazuza, na qual se mesclam a suástica nazista e a judaica estrela de Davi, o cifrão capitalista e a representação católica de Jesus Cristo, a contemporaneidade seria composta pela bricolagem de estilhaços, como no procedimento de construção de "Pra começar", que analisamos na abertura deste capítulo.

Indo ao encontro das quebras e dos impasses com os quais o Brasil se deparava, um ano após o acidente nuclear de Chernobyl, em 1986, ocorreria em solo brasileiro o acidente com o césio-137, material radioativo descartado de forma indevida que levou quatro pessoas de baixa renda e instrução a óbito em Goiânia, evidenciando os contrastes entre o avanço tecnológico e o avanço social. Dando a prova cabal das desigualdades socioeconômicas no Brasil da década de 1980, o internacionalmente premiado documentário de Jorge Furtado, *Ilha das Flores* (1989), acompanha o dia a dia de famílias que sobrevivem de alimentos encontrados em um lixão em Porto Alegre, testemunhando o descarte e a miséria, outra face do consumo desenfreado.

Entre "ozônios e Amazônias", o discurso de consciência ecológica e preservação dos povos indígenas, que estava na pauta mundial, coloca em evidência a Floresta Amazônica em 1988. Além do assassinato do ecologista Chico Mendes e do protesto do ambientalista Ailton Krenak em prol dos povos indígenas durante a Constituinte, desastres naturais provocados pelas mudanças climáticas são estampados nas manchetes de jornais, e termos até então confinados ao campo científico, como "camada de ozônio", "efeito estufa" e "gás carbônico" passam a circular.

Diante do cenário caótico que se desvelava, o sujeito em "$Cara" confia no amor como uma chave de resolução de todos os conflitos: "Te amar é um claro assunto/ no breu." Mais uma vez, a poética do desejo em Marina e Cicero coloca a subjetividade como um início e um fim em si mesma, como na visão do atraso em "Avenida Brasil" (1981), na euforia da construção de um país em "Fullgás" (1984) e no conselho de descobrir o que "se ama de verdade" para conquistar o mundo em "Pra começar" (1986). Para Cicero, a atitude do sujeito é libertária e revolucionária: "A essência da modernidade é justamente cada homem poder ter a ousadia de se considerar o centro do mundo. A grande saída para a cultura brasileira é levar o individualismo às últimas consequências."[68]

Na partida da década de 1980 e na chegada à última década do século XX, os sinais não eram claros, mas era preciso seguir. A única certeza que se podia ter era a sua própria potência: "Não dou meu desejo a Deus", sentenciava o eu lírico de "Próxima parada" (Marina Lima/Antonio Cicero). Ao lado desse individualismo próprio à visão de mundo de Marina e Cicero, evidente desde o *Manifesto Fullgás*, "À francesa", hit composto por Claudio Zoli a partir de um poema de Antonio Cicero, aponta para a essência que se deve perseguir, independentemente de contexto político, social ou cultural: "Os momentos felizes não estão escondidos/ Nem no passado nem no futuro."

As memórias que embalam esse período podem até se revestir do rótulo da "década perdida", diante de tantos insucessos.

Talvez os planos de construção de um país baseados em uma liberdade irrestrita não tenham se concretizado. Também é notável que a revolução comportamental outrora promovida

---

[68] Castello, José. "Poeta diz que saída é virar Grécia Antiga". In: Nogueira, Arthur (org.). *Antonio Cicero*, p. 41.

foi, por muito tempo, abafada pelo moralismo e o conservadorismo, e só veio a ter vazão mais recentemente. Do mesmo modo, é verdade que as imagens dos novos tempos, em vez de criarem um espaço globalizado simétrico e harmônico, sem fronteiras, no fim das contas aprofundaram as diferenças.

Porém, se olharmos pelo prisma do desejo, em que pese o fato de que as pulsões só podem ser satisfeitas parcialmente, caminhando-se por destinos tortuosos,[69] os anos 1980 mostraram a potência do querer. É inegável que o desejo mobilizou frentes até então rígidas e inquestionáveis. Entre uma ditadura militar ofensiva e o espaço aberto para a criação democrática, a fantasia, o sonho e a ambição pulsaram, colocando em cena o que outrora foi reprimido. Pode, sim, ter sido errante, desviante, equivocado e incompleto, mas sem dúvida o desejo tornou-se fonte irrefreável de mudanças, ainda que fugazes.

---

[69] Freud, Sigmund. "Os instintos e seus destinos". In: *Obras completas, vol. 12*, pp. 51-81.

PARTE 2

# FAIXA A FAIXA

# 1. "Fullgás"

(Marina Lima/Antonio Cicero)

O lado A do LP é aberto com aquela que pode ser considerada a canção-tema do disco. Sintetizando a sonoridade e a poética que são desenvolvidas ao longo das demais faixas, "Fullgás" amalgama os principais sentidos pop, comportamentais e políticos que fazem do álbum um destaque no seu período histórico e na carreira de Marina Lima.

De início, sobressaem os *riffs* dos sintetizadores, que serviram como pequenos logotipos sonoros que marcam a gravação. Repetidos ao longo da faixa, a tornam radiofônica e de fácil memorização — o mesmo procedimento poderá ser observado em outras faixas do disco. Além disso, tanto o baixo de Liminha quanto a bateria eletrônica advinda de um Casiotone são inspirados em "Billie Jean", de Michael Jackson, hit da música pop norte-americana.

Ainda que tenha uma vocação pop, a harmonia de "Fullgás" trabalha com um colorido que dialoga com os desenhos harmônicos da bossa nova, uma das insígnias da forma composicional de Marina. São acordes repletos de firulas que vão criando linhas melódicas secundárias, apresentando ao ouvinte uma composição que persegue um refinamento do pop. Ao mesmo tempo em que trabalha com acordes sofisticados, Marina faz uso de sequências tonais clássicas da música voltada para o consumo. Entre a parte A (que vai de "Meu mundo você é quem faz..." até "nada machuca nem cansa") e a parte B (de "Então venha me dizer..." até "tão bom te amar"), há uma leve modulação, de um tom menor para um maior, recurso muito utilizado no pop que busca entusiasmar o ouvinte, criando um contraste entre as partes.

A letra, assinada por Marina em parceria com Antonio Cicero, traz um eu lírico que se confessa a um objeto de amor, como se a ele estivesse escrevendo uma carta. Ao longo da composição, não há repetição de versos, apenas o respeito à métrica — à exceção dos versos "você me abre seus braços/ e a gente faz um país", que finalizam a canção e dão um contorno político à composição.

O canto de Marina, dados os caminhos melódicos que unem letra e música, é próximo à fala, como se seu gesto interpretativo reforçasse a ideia de confissão trazida pelo que diz esse eu lírico que deposita no outro todo o seu desejo. Para traduzir o frescor *fullgás*, efêmero e intenso, a cantora chega a simular, no fim, a refrescância proporcionada por um gole de uma bebida gaseificada, como a Coca-Cola.

## 2. "Pé na tábua (Ordinary pain)"

(Stevie Wonder — versão: Antonio Cicero/Sergio de Souza)

A segunda faixa do lado A de *Fullgás* traz um típico exemplo do procedimento pop de apropriação e ressignificação, deixando à mostra a forma com a qual a autoria de Marina também se dá enquanto intérprete e arranjadora. Em versão de Antonio Cicero e Sergio de Souza, a canção, originalmente composta e gravada por Stevie Wonder no disco *Songs of the key of life* (1976), é enquadrada em uma moldura que valoriza os recursos musicais de sua composição que são atraentes ao ouvinte e a tornam de fácil memorização.

Quando Marina dela se apropria, realiza um trabalho de edição. A principal modificação é o recorte da canção, que contava com uma parte principal e outra de improviso sobre um tema musical, ficando apenas com a primeira. Devido a essa escolha, a versão tem pouco mais de dois minutos e meio, o que a torna mais curta em relação à produção original de Wonder, de seis minutos.

A linha melódica inicial de um piano elétrico Rhodes, já presente no registro oficial do norte-americano, é tomada como uma das levadas principais do arranjo, sendo o ponto de retorno ao longo de toda a faixa. Outros elementos também se destacam, como o baixo, que igualmente desenvolve frases musicais recorrentes, produzindo a fácil memorização da canção pelo ouvinte.

O coro de vozes, recurso interpretativo próprio da estética soul, surge nos versos principais da canção, "arranque o freio/ e pé na tábua/ se jogue a esse amor que veio/ e mais nada", para destacá-los dentro do discurso de encorajamento à paixão que a letra desenvolve.

## 3. "Pra sempre e mais um dia"
(Marina Lima/Antonio Cicero)

Elaborando um discurso que caminha entre o amor romântico e o erotismo, a terceira faixa do lado A de *Fullgás* é a segunda parceria de Marina e Cicero no disco. Na abertura da gravação, uma cama de sintetizadores dialoga com o violão Ovation tocado por Marina nesta e em outras duas faixas do disco ("Fullgás" e "Mesmo se o vento levou").

Na parte A da composição (que vai de "Existe alguém pra quem eu sempre retorno..." até "é o meu amor"), o arranjo traz uma ambiência soturna de expectativa, que vai ao encontro do que o eu lírico pouco a pouco revela sobre o seu objeto de desejo, a quem ele credita "tanto romance, tanta graça e pornô". Em certa medida, a canção é irmã de "Fullgás", por trazer uma posição de total devoção ao objeto de amor que faz com que o eu lírico até mesmo deseje criar territórios protegidos de qualquer intercorrência que possa atrapalhar essa paixão — o "país" na faixa que abre o disco e a "ilha" nesta.

Da primeira para a segunda parte da composição, quando começa a se falar sobre "a magia e o prazer" de se confiar plenamente nesse amor, há uma mudança na levada do arranjo, resolvendo a tensão do início da canção e mostrando-se tão eufórica quanto a devoção a esse amor.

A canção foi gravada um ano antes por Zizi Possi em seu disco homônimo, *Pra sempre e mais um dia* (1983). Em comparação à gravação da cantora paulistana, que chega até mesmo a desenvolver a sonoridade do samba-canção na parte B, a versão de Marina é mais eletrônica por explorar em seu arranjo, com grande destaque, os timbres de vários sintetizadores — somente nesta faixa foram empregados os modelos Roland Juno-60, Roland Jupiter-8, Roland JX-3P e Mini-Moog, além da bateria digital DX.

## 4. "Ensaios de amor"

(Marina Lima/Ana Terra)

Parceria bissexta na carreira de Marina, a quarta faixa do lado A, "Ensaios de amor", foi composta por ela em parceria com Ana Terra, importante compositora interpretada majoritariamente por mulheres, como Elis Regina e Sueli Costa.

Originalmente, a composição foi lançada em 1982 na voz de Emílio Santiago no disco *Ensaios de amor*, em um arranjo suingado marcado por guitarras e diferente da proposta mais eletrônica e acelerada daquela desenvolvida na gravação de Marina.

Trata-se de uma canção metalinguística, isto é, que se refere ao próprio formato cancional. Explorando a rede semântica do universo do trabalho musical, como nas palavras "timbre", "tons" e "estreia", o eu lírico fala do processo de composição de uma canção dedicada ao seu objeto de amor, da inspiração para compor até o momento do encontro entre os dois.

Em termos musicais, a harmonia desenvolvida é mais próxima às sequências harmônicas que caracterizaram o rock do período. O baixo de Pedro Baldanza arremata a gravação com frases musicais que reiteradamente marcam a faixa.

## 5. "Mesmo que seja eu"
(Roberto Carlos/Erasmo Carlos)

Encerrando o lado A, a gravação de Marina para "Mesmo que seja eu" é um destaque do disco. Ao interpretar essa canção que foi lançada na voz de Erasmo Carlos em seu disco *Amar pra viver ou morrer de amor* (1982), a cantora moderniza os sentidos originais da composição e os direciona para a possibilidade de um discurso erótico entre duas mulheres.

Composta por Erasmo e Roberto Carlos, a canção originalmente é uma cantada que parte da ideia de que aquela que a recebe se encontra desiludida com o amor romântico que um dia fantasiou ter. Diante disso, o eu lírico se coloca à disposição para ser "um homem pra chamar de seu".

Quando Marina interpreta a canção, apropria-se desse jogo de sedução e assume a postura de uma mulher que canta para outra — porém isso se constrói pouco a pouco no desenrolar da faixa.

A construção do arranjo faz com que, de início, possamos interpretar sua voz como aquela que aconselha uma amiga sobre os dissabores da vida romântica. Na metade da faixa, evocando o cenário de conto de fadas, agora esfacelado, surge um convite para se sair da melancolia com a dança, momento em que o arranjo se torna vibrante. Contudo, perto do fim, no clímax da música, ocorre a revelação de que essa canção poderia se tratar de uma cantada lésbica: a forma como se faz uma pausa dramática entre as frases "você precisa de um homem pra chamar de seu" e "mesmo que esse homem seja eu", juntamente com a interpretação maliciosa de Marina, ressignifica as intenções do eu lírico.

Musicalmente, a estrutura do arranjo é pensada de forma a contar uma história. Há transições, pontos de virada, evoluções e involuções instrumentais, todos estrategicamente posicionados para reforçar o texto. Em comparação à versão original de Erasmo, Marina optou por suprimir dois versos ("filosofia e poesia é o que dizia a minha vó/ antes mal acompanhada do que só"), manipulando o sentido original que caminhava para a ideia de que qualquer homem serviria — o que abre margem para a interpretação de que uma mulher seria uma melhor opção, reforçando a cantada.

## 6. "Me chama"

(Lobão)

Abrindo o lado B, "Me chama" é um dos sucessos radiofônicos do disco. Versando sobre a solidão e a espera no amor, a canção originalmente é um rock que flerta com a linguagem pop da sua década.

Naquele mesmo ano, Lobão, seu compositor, também iria gravar essa canção, logo depois, no disco *Ronaldo foi pra guerra*, com uma interpretação que desenvolvia um canto cheio de *drives* na voz, recurso vocal próprio às idiossincrasias do rock. Marina optou por gravá-la com uma performance que privilegiava a suavidade e a extensão das notas em sua voz, para deixá-la mais doce.

O arranjo alterna dois principais estados de espírito do eu lírico que sofre por amor. Na parte A (que vai de "Chove lá fora..." até "me chama"), há um alargamento da espera: os elementos musicais são esvaziados e contidos. Em contraposição, na parte B ("Nem sempre se vê" até "cadê você?"), que é o refrão da canção, o arranjo explode sobre um andamento acelerado e uma profusão de timbres advindos da mescla tanto de instrumentos clássicos do rock, como a guitarra de Paulinho Guitarra, o baixo de Liminha e a bateria de Lobão, quanto das sonoridades dos sintetizadores, que dão o tom do disco.

Em comparação às demais composições do disco, talvez esta seja a que siga o clássico e redondo formato pop: partes bem definidas, refrão atraente para o ouvinte e repetição de versos. Sua linguagem é informal e coloquial, o que a torna ainda mais próxima do público.

Essa foi a segunda vez que Marina gravou um hit de Lobão — a primeira foi quando incluiu "Noite e dia" (Lobão/Julio Barroso) no repertório do disco anterior, *Desta vida, desta arte* (1982). Em shows, Marina uniria ambas em um medley.

## 7. "Mesmo se o vento levou"

(Marina Lima/Antonio Cicero)

Balada romântica composta por Marina e Cicero, "Mesmo se o vento levou" é uma faixa que deixa evidente a poética interpretativa da cantora. Com um fraseado coloquial, Marina não economiza nas interjeições para dar expressão ao texto, que versa sobre a perda de um amor. Sua voz caminha por zonas graves, médias e agudas, alternando entre o alongamento de notas, que traz traços de passionalização do que se diz, e o encurtamento, que reproduz a fala corriqueira.

No arranjo, há uma integração muito coesa entre os timbres eletrônicos, advindos dos teclados e da bateria digital, e os elementos acústicos, como o violão Ovation, o baixo, o pandeiro e o afoxé.

Olhando em retrospectiva, ainda que o arranjo possa caminhar para uma estética pop, com timbres oriundos de sintetizadores e um andamento acelerado, a composição se aproxima dos primeiros blues compostos por Marina e Cicero presentes no disco de estreia, *Simples como fogo* (1979), pela construção harmônica e temática desenvolvida pelo eu lírico sobre a perda e a lembrança de um amor.

## 8. "Cicero e Marina"

(Antonio Cicero)

A terceira faixa do lado B traz a declamação dos irmãos para o poema "Cicero", de autoria de Antonio Cicero. Construído a partir de um exercício de alteridade de si, isto é, da descrição de si mesmo em terceira pessoa, o poema traz um jogo sonoro entre palavras ("cobra", "dobra", "sobra" e "sombra") e personas, a de Cicero e a de Marina.

Essa foi a primeira vez em que Antonio Cicero declamou um texto em um disco de Marina — a cantora chegará, posteriormente, a declamar poemas do irmão, como na canção "Deve ser assim", do disco *O chamado* (1993), em que lê trecho do poema "Guardar", e Cicero declamaria um trecho da letra da canção "Me diga (Francisca)", no disco *Setembro* (2001).

No contexto de *Fullgás*, podemos considerar a presença da voz de Cicero em uma faixa como uma tentativa de homenageá-lo, destacando a presença dele no direcionamento conceitual, ao lado da irmã, de algumas de suas principais canções. Juntamente com esse movimento e o Manifesto Fullgás, ao dividir o protagonismo com Marina passa a ser reconhecido pelo público e pela crítica.

Na ordem do disco, "Cicero e Marina" serve como um interlúdio e uma introdução para a canção "Veneno", como se a figura da "cobra" antecedesse o clima de sedução e captura que viria em seguida.

## 9. "Veneno (Veleno)"

(Polacci/Nelson Motta)

"Veneno" é uma versão feita por Nelson Motta para a italiana "Veleno", de Polacci, da década de 1940, que Marina descobriu por acaso quando visitava a casa do produtor e crítico.

A balada traz um eu lírico feminino que, como no mito da Medusa, quer seduzir aquele que a observa, com o "veneno" que tem nos "lábios" e nos "seios". Erótica, a composição estabelece uma conexão com aquele que a deseja, passeando pelo seu próprio corpo e refletindo sobre a "vida tão pouca e pequena".

O arranjo é construído em cima de notas extremamente alongadas dos sintetizadores que vão se transmutando ao longo da canção, como se traduzissem musicalmente a liquidez desse "veneno". Inebriando o ouvinte, a harmonia cria um cenário hipnótico que vai ao encontro da posição estabelecida entre essa *femme fatale e* e quem a ouve.

Destaca-se, na gravação, a participação do sax-tenor, tocado por Zé Carlos, que faz um solo final emblemático.

## 10. "Mais uma vez"

(Lulu Santos/Nelson Motta)

Composta por Lulu Santos e Nelson Motta, a penúltima faixa do disco, "Mais uma vez", representa um aceno importante de Marina aos demais músicos de sua geração pop-rock. Em um momento único na carreira discográfica de Marina, Lulu Santos tocou guitarra, bateria digital e sintetizador na faixa.

Sobre um clássico formato de canção dessa seara, com partes A e B e um refrão, a composição versa sobre a coragem de se "ir à luta", um dos emblemas da juventude do período. Fala-se da "fome de viver", como se tentasse traduzir o ímpeto de jovens em busca de uma nova realidade.

Em determinado momento da faixa, há um silenciamento de dois segundos em uma das palavras da letra, "tesão", que foi vetada pela censura — ainda que àquela altura os aparelhos de repressão e controle cultural já estivessem perto do fim. Na transcrição da letra no encarte, o ouvinte poderia encontrar a indicação do veto — mas não seu termo.

No processo de gravação e produção de *Fullgás*, juntamente com "Veneno", essa foi uma das últimas músicas a entrar no repertório do disco.

## 11. "Nosso estilo"

(Lobão/Antonio Cicero/Marina Lima)

Composta por Marina, Cicero e Lobão, "Nosso estilo" encerra o disco como uma carta de intenções, como já sugestiona o título. Conjugada no plural, nela se cria uma oposição entre "nós", cujo "estilo não tem nostalgia" e os "caretas", cada vez "mais banais".

No contexto do disco, a canção parece ser uma boa síntese dos sentidos políticos e comportamentais que estão explícitos no *Manifesto Fullgás*. Ambos, a faixa e o texto assinado por Marina e Cicero, comungam uma mesma visão de mundo na qual se anseia a sintonia do Brasil à contemporaneidade.

Sendo a canção de ritmo mais acelerado do disco, o arranjo traz a sensação de urgência e potência que vai ao encontro da letra que versa sobre "o mundo estar lento demais" em contraposição ao "som" e à "fúria" que rompem o marasmo. Os timbres eletrônicos se desenrolam sobre a base da bateria digital que marca um ritmo pulsante. Uma longa parte instrumental encerra o disco em *fade out*, efeito sonoro que sugere a continuidade *ad infinitum* da ação, mantendo a força do movimento.

Considerando o processo de produção de *Fullgás*, essa canção foi uma das primeiras a ser pensada para o projeto, sendo, inclusive, uma das molas propulsoras para a composição da canção-título. Foi durante a construção do arranjo de

"Nosso estilo" que Marina entrou em contato pela primeira vez com o Casiotone, trazido por Lobão, ficando encantada com o instrumento, chegando a comprar um— a partir do qual, logo depois, começaria a compor "Fullgás".

# Apêndice: *Manifesto Fullgás*

Somos brasileiros e estrangeiros. Somos estrangeiros porque a nossa verdadeira casa e a casa da nossa música não têm paredes, nem teto, nem cerca, nem fronteiras. Não vegetamos, nem precisamos de raízes. Mas nascemos aqui, aqui trabalhamos e escolhemos ser brasileiros. Por quê? Porque este país é a nossa cara. A força dele, como a nossa, não pode vir de nenhuma fonte pura. Fontes puras não existem. O Brasil vem da fusão de todas as águas, de todas as correntes culturais, da miscigenação. Por isso ele realmente mete medo em todos os que sofrem de agorafobia (+).

Como a música é a expressão mais viva da cultura no Brasil, é justamente a ela que os caretas tentam impor a sua "ordem". E a ordem dos caretas é e sempre foi a da fidelidade às tais "raízes" ou "purezas" ou sabemos lá o quê...

Já para nós, bom é ser contemporâneo ao mundo. Tomamos partido pelo presente e nele pelo mais full gas e mais fugaz. Se nossa música é política? Nossa música é a nossa política. Queremos descobrir novas possibilidades: não de fazer "arte", mas de viver.

Chega de ideais repressivos, cagando regras, fingindo estar acima do tempo e dizendo, por exemplo, que devemos ser heterossexuais ou bissexuais ou que devemos ou que não devemos ter ciúmes, ou que temos que gostar de bossa nova ou fazer samba ou ser new wave.

Melhor para nós são a descoberta e liberação dos desejos e gostos autênticos de cada um.

Nossa música é simples, deliberadamente simples e direta. Por isso mesmo ela é mais difícil para aqueles que se viciaram às velhas fórmulas. Sabemos que somos superficiais demais e profundos demais para essa gente.

Não há um CAMINHO REAL para fazer algo que enriqueça o mundo. Por mais que certos setores da "vanguarda" sugiram uma evolução linear da Música, a verdade é que, às vezes, é do mais "vulgar" que vem o toque mais sutil. E é claro que o novo vem sempre de onde menos se espera.

Assim somos nós. Assim é o que fazemos. Simples como fogo. Fullgás.

Marina                                      Antonio Cicero


(+) agorafobia — medo de espaços abertos. Ágora parece com agora. O medo dos espaços abertos parece com o medo do presente.

# Referências bibliográficas

"A nova romântica. Com doces baladas e guitarras em punho, Marina impõe o padrão da nova cantora brasileira", *Veja*, 24 jul. 1985.

"Marina volta com tudo", revista *Bizz*, jan. 1987.

"Marina. Longe das sombras", revista *Bizz*, fev. 1988.

Alexandre, Ricardo. *Dias de luta: O rock e o Brasil dos anos 80*. Porto Alegre: Arquipélago, 2013.

Almeida, Miguel de. "Marina, a que impede suicídios na MPB", *Folha de S.Paulo*, 18 mar. 1984.

Aragão, Diana. "Marina: a volta por cima no Teatro Ipanema", *Jornal do Brasil*, 13 jun. 1984.

Bahiana, Ana Maria. "'Fullgás', Marina em nova fase num disco cheio de bons amigos", *O Globo*, 15 abr. 1984.

Brayan, Guilherme; Villari, Vincent. *Teletema: A história da música popular através da teledramaturgia brasileira, vol. I, 1964 a 1989*. São Paulo: Dash, 2014.

Butler, Judith. *Problemas de gênero. Feminismo e subversão da identidade*. Trad. Renato Aguiar. Rio de Janeiro: Civilização Brasileira, 2016.

Carrascoza, João Anzanello. *Redação publicitária: Estudos sobre a retórica do consumo*. São Paulo: Futura, 2003.

Castello, José. "Antonio Cicero investe no ofício de poeta". In: Nogueira, Arthur (org.). *Antonio Cicero*. Rio de Janeiro: Beco do Azougue, 2013.

_____. "Poeta diz que saída é virar Grécia Antiga". In: Nogueira, Arthur (org.), *Antonio Cicero*. Rio de Janeiro: Beco do Azougue, 2013.

Cicero, Antonio. "Marina. O nome de um país cheio de gás, pique e modernidade", *Folha de S.Paulo*, 23 ago. 1984.

_____. *O mundo desde o fim*. Rio de Janeiro: Francisco Alves, 1995.

_____. "O tropicalismo e a MPB". In: *Finalidades sem fim. Ensaios sobre poesia e arte*. São Paulo: Companhia das Letras, 2005.

_____. "As raízes e as antenas em debate". In: Nogueira, Arthur (org.), *Antonio Cicero*. Rio de Janeiro: Beco do Azougue, 2013.

Cunha, Paulo Jannuzzi. "Alterações neuropsicológicas em dependentes de cocaína", tese de doutorado, Faculdade de Medicina, Universidade de São Paulo, 2005.

Dantas, Marcelo. "O anonimato também pode ser um 'barato'". In: Nogueira, Arthur (org.), *Antonio Cicero*. Rio de Janeiro: Beco do Azougue, 2013.

Dávila, Sérgio. "Muito prazer, senhora Marina", *Revista da Folha*, 9 jan. 1994.

Deleuze, Gilles; Guattari, Félix. *O anti-Édipo: Capitalismo e esquizofrenia 1*. Trad. Luiz B. L. Orlandi. São Paulo: Editora 34, 2011.

Dias, Marcia Tosta. *Os donos da voz: Indústria fonográfica brasileira e mundialização da cultura*. São Paulo: Boitempo Editorial, 2000.

Facchini, Regina. *Sopa de letrinhas? Movimento homossexual e produção de identidades coletivas nos anos 90*. Rio de Janeiro: Garamond, 2005.

Freud, Sigmund. *A interpretação dos sonhos. Obras completas, vol. 4*. Trad. Paulo César de Souza. São Paulo: Companhia das Letras, 2019.

_____. "Os instintos e seus destinos". In: *Obras completas, vol. 12*. Trad. Paulo César de Souza. São Paulo: Companhia das Letras, 2010.

Gaio, Ana. "Marina. Uma mulher de seu tempo", revista *Desfile*, jan. 1987.

Gonçalves, Renato. "Marina Lima: de sereia a Ulisses. Música, comunicação e significação", trabalho de conclusão de curso, Escola de Comunicações e Artes, Universidade de São Paulo, 2012.

_____. *Nós duas: As representações LGBT na canção brasileira*. São Paulo: Lápis Roxo, 2016.

_____. "Tropicalismo transviado". In: *Questões LGBT e música brasileira ontem e hoje*. São Paulo: Edição do autor, 2020.

Hobsbawm, Eric. "Manifestos". In: *Tempos fraturados: Cultura e sociedade no século XX*. Trad. Berilo Vargas. São Paulo: Companhia das Letras, 2013.

Hollanda, Heloisa Buarque de. "A imaginação feminina no poder". In: Gaspari, Elio; Hollanda, Heloisa Buarque de; Ventura, Zuenir. *Cultura em trânsito: Da repressão à abertura*. Rio de Janeiro: Aeroplano, 2000.

Jaime, Leo. "A mais legal da turma", *Capricho*, jan. 1990.

Juçá, Maria. *Circo Voador: A nave*. Rio de Janeiro: Edição da autora, 2013.

Lacan, Jacques. *O Seminário, livro 10: A angústia*. Trad. Vera Ribeiro. Rio de Janeiro: Zahar, 2008.

Lacombe, Milly. "Alma inteira", *Revista MIT*, jun. 2010.

Lyotard, Jean-François. *A condição pós-moderna*. Trad. Ricardo Corrêa Barbosa. Rio de Janeiro: José Olympio, 2015.

Machado, Regina. "Da intenção ao gesto interpretativo: Análise semiótica do canto popular brasileiro", tese de doutorado, Faculdade de Filosofia, Letras e Ciências Humanas, Universidade de São Paulo, 2012.

Marcuse, Herbert. *Eros e civilização: Uma interpretação filosófica do pensamento de Freud*. Trad. Álvaro Cabral. Rio de Janeiro: Zahar, 1981.

Máximo, Jairo. "Venturas d'um poeta". In: Nogueira, Arthur (org.). *Antonio Cicero*. Rio de Janeiro: Beco do Azougue, 2013.

Mazzola, Marco. *Ouvindo estrelas. A luta, a ousadia e a glória de um dos maiores produtores musicais do Brasil*. São Paulo: Planeta, 2007.

Mello, Luiz Antonio. "Marina. 'Raízes, raízes, eu odeio isso!'", *Jornal do Brasil*, 21 jul. 1985.

Mello, Ramon Nunes (org.). *Tente entender o que tento dizer: Poesia + hiv/aids*. Rio de Janeiro: Bazar do Tempo, 2018.

Perez, Clotilde. *Signos da marca: Expressividade e sensorialidade*. São Paulo: Cengage, 2017.

Preto, Marcus. "A lira de Antonio Cicero". In: Nogueira, Arthur (org.). *Antonio Cicero*. Rio de Janeiro: Beco do Azougue, 2013.

Quinalha, Renan. "Contra a moral e os bons costumes: A política sexual da ditadura brasileira (1964-1988)", tese de doutorado, Instituto de Relações Internacionais, Universidade de São Paulo, 2017.

Rennó, Carlos. "Todas as notas de Marina Lima", *Folha de S.Paulo*, 21 jul. 1985.

Serva, Leão. "Itamar Assumpção, a todo vapor", *Folha de S.Paulo*, 29 ago. 1984.

Souza, Okky de. "Primeira cigarra. Marina anuncia o verão em bossa carioca", *Veja*, 28 out. 1981.

Toscani, Oliviero. *A publicidade é um cadáver que nos sorri*. Rio de Janeiro: Ediouro, 1996.

Trevisan, João Silvério. *Devassos no paraíso: A homossexualidade no Brasil, da colônia à atualidade*. Rio de Janeiro: Objetiva, 2018.

*Veja*, 25 abr. 1979.

## Discos

Lima, Marina. *Simples como fogo*, Brasil, Warner, 1979.
Lima, Marina. *Olhos felizes*, Brasil, Ariola, 1980.

Lima, Marina. *Certos acordes*, Brasil, Ariola, 1981.
Lima, Marina. *Desta vida, desta arte*, Brasil, Ariola, 1982.
Lima, Marina. *Fullgás*, Brasil, PolyGram, 1984.
Lima, Marina. *Todas*, Brasil, PolyGram, 1985.
Lima, Marina. *Todas ao vivo*, Brasil, PolyGram, 1986.
Lima, Marina. *Virgem*, Brasil, PolyGram, 1987.
Lima, Marina. *Próxima parada*, Brasil, Universal, 1989.

## Vídeos e filmes

*MTV News — Raw, The Early Years*, disponível em: <<https://www.youtube.com/watch?v=zwT7XOl0HIY>>. Acesso em 3 jul. 2020.
*Mulher 80*. Direção de Daniel Filho. Biscoito Fino, Brasil, [1979] 2008. DVD.
*Rádio pirata ao vivo*. Globo Marcas, [1986] 2010, DVD.
*Sexo é bom!*. Direção Valéria Burgos. Manchete, 1986. VHS.

# Agradecimentos

Agradeço especialmente a Marina Lima e a Antonio Cicero, que muito generosamente acolheram esta pesquisa iniciada em 2012.

Agradeço a Walter Garcia, Fani Hisgail, Clotilde Perez e Dayalu, com quem tive diálogos em diversos momentos que foram fundamentais para as análises aqui empreendidas. Agradeço a Mariana Delfini, pelo trabalho primoroso de edição e preparação de texto. A Lídice Xavier, pela consultoria de direitos autorais, a Andrea Caetano, cujo acervo histórico a mim confiado enriqueceu este livro, e a Gloria Tenorio, pela torcida.

Agradeço à equipe da Cobogó, pela estrutura e pela confiança, sobretudo nas figuras de Isabel Diegues, Aïcha Barat e Valeska de Aguirre. A Mauro Gaspar Filho e a Frederico Coelho, pela acolhida inicial do projeto.

Agradeço, ainda, a meus pais, Andreia e Renato, pelos discos nacionais tocados em casa na minha primeira infância, que me formaram e fizeram despertar em mim o prazer e o interesse pela música.

Por fim, agradeço a Renato Fernandes, pelo companheirismo.

© Editora de Livros Cobogó, 2022

Organização da coleção
Frederico Coelho e Mauro Gaspar

Editora-chefe
Isabel Diegues

Edição
Mariana Delfini
Valeska de Aguirre

Gerente de produção
Melina Bial

Revisão final
Eduardo Carneiro

Capa
Radiográfico

Projeto gráfico e diagramação
Mari Taboada

CIP-BRASIL. CATALOGAÇÃO-NA-FONTE
SINDICATO NACIONAL DOS EDITORES DE LIVROS, RJ

---

G629m    Gonçalves, Renato
           Marina Lima : Fullgás / Renato Gonçalves. - 1. ed. - Rio de Janeiro :
           Cobogó, 2022. (O livro do disco)

           Inclui bibliografia
           ISBN 978-65-5691-078-9
           1. Lima, Marina, 1955-. 2. Composição (Música). 3. Música popular
      - Brasil. I.Título. II. Série.

22-79281                                                                              CDD: 781.3
                                                                                         CDU: 781.6

---

Gabriela Faray Ferreira Lopes - Bibliotecária - CRB-7/6643

Todos os direitos reservados à
**Editora de Livros Cobogó Ltda.**
Rua Gen. Dionísio, 53, Humaitá
Rio de Janeiro, RJ, Brasil - 22271-050
www.cobogo.com.br

## O LIVRO DO DISCO

Organização: Frederico Coelho | Mauro Gaspar

*The Velvet Underground* | **The Velvet Underground and Nico**
Joe Harvard

*Jorge Ben Jor* | **A tábua de esmeralda**
Paulo da Costa e Silva

*Tom Zé* | **Estudando o samba**
Bernardo Oliveira

*DJ Shadow* | **Endtroducing...**
Eliot Wilder

*O Rappa* | **LadoB LadoA**
Frederico Coelho

*Sonic Youth* | **Daydream nation**
Matthew Stearns

*Legião Urbana* | **As quatro estações**
Mariano Marovatto

*Joy Division* | **Unknown Pleasures**
Chris Ott

*Stevie Wonder* | **Songs in the Key of Life**
Zeth Lundy

*Jimi Hendrix* | **Electric Ladyland**
John Perry

*Led Zeppelin* | **Led Zeppelin IV**
Erik Davis

*Neil Young* | **Harvest**
Sam Inglis

*Beastie Boys* | **Paul's Boutique**
Dan LeRoy

*Gilberto Gil* | **Refavela**
Maurício Barros de Castro

*Nirvana* | **In Utero**
Gillian G. Gaar

*David Bowie* | **Low**
Hugo Wilcken

*Milton Nascimento e Lô Borges* | **Clube da Esquina**
Paulo Thiago de Mello

***Tropicália ou Panis et circensis***
Pedro Duarte

*Clara Nunes* | **Guerreira**
Giovanna Dealtry

*Chico Science e Nação Zumbi* | **Da lama ao caos**
Lorena Calábria

*Gang 90 & Absurdettes* | **Essa tal de Gang 90 & Absurdettes**
Jorn Konijn

*Dona Ivone Lara* | **Sorriso negro**
Mila Burns

*Racionais MC's* | **Sobrevivendo no inferno**
Arthur Dantas Rocha

*Nara Leão* | **Nara — 1964**
Hugo Sukman

2022
_____

1ª impressão

Este livro foi composto em Helvetica.
Impresso pela BMF Gráfica e Editora,
sobre papel Offset 75g/m².